知的な論文・レポートのための

リサーチ入門

竹田茂生・藤木清／著

くろしお出版

本書で使用する IBM SPSS Statistics の製品名は、IBM® SPSS® Statistics が正式名称です。IBM, IBM ロゴ, ibm.com および SPSS は, International Business Machines Corporations の商標です。他の製品名およびサービス名等は, それぞれ ibm.com または各社の商標である場合があります。現時点での IBM の商標リストについては, www.ibm.com/legal/copytrade.shtml をご覧ください。

Microsoft Windows 8, 7, Vista, XP, Office, Word, Excel 等は, Microsoft Corporation の米国および各国における商標または登録商標です。その他, 本書に記載されているブランド名・製品名・商標等は, それぞれの帰属者の所有物です。

■ 本書の解説は, 使用するソフトウェアのバージョン・お客様のハードウェア・ソフトウェア環境などによっては, 必ずしも本書通りの動作や画面にならないことがあります。あらかじめご了承ください。

■ 本書に記載された内容は, 参照用としての提供のみを目的としております。本書を用いての運用はすべてお客様自身の責任と判断において行ってください。

■ 本書の運用・ダウンロード先からのデータ使用によっていかなる損害が生じても, くろしお出版および著者は責任を負いかねますので, あらかじめご了承ください。

はじめに

　本書は、アカデミックとビジネスの両分野で活用できる新しいリサーチの入門書です。皆さんが、「調査」または「リサーチ」というタイトルの本をインターネットで検索したり、書店で探したりすると、社会調査やマーケティングリサーチの書棚に行きつくと思います。

　社会調査に分類されている書籍は、社会科学全般に利用される実証的調査手法について学術的な角度から書かれています。一方、市場調査やマーケティングリサーチに分類される書籍は、調査手法について実務的な角度から書かれていることも多いと思います。

　たとえば、観察調査という手法は、社会調査の分野では参与観察という手法について紙面が多く割かれています。一方、マーケティングリサーチの分野では、主に、本書で取り上げられているミステリーショッパー（店舗観察調査）が解説されています。

　また、インタビュー調査については、社会調査の分野では、心理学関連で深層心理を探るのに使われるディプスインタビューを中心にしていますが、マーケティングリサーチの分野では、アイデアを探索するようなグループインタビューが中心になっています。

　このように、よく似た調査手法であっても、分野によって利用のされ方が異なっているのが現状です。本書は、どちらかに偏るのではなく両方のエッセンスを盛り込んでいます。本書のタイトルを「リサーチ」とあえて広義にとらえられる表現にしたのは、社会調査とマーケティングリサーチの両方の視点を取り入れているからです。

　なお、調査には、本書で取り上げなかった実験なども含め、さまざまな手法があります。また、新たな調査手法も開発されて進歩しています。

　本書では、われわれの視点で、皆さんが大学の学習で活用され、また社会の中で活躍されるときに役立つ調査手法を中心に取り上げました。

　本書が、皆さんのこれからの科学的な思考の基盤になることを祈っております。

なお、本書の作成にあたって、あたたかく支援してくださった関西国際大学の濱名篤学長をはじめ、アドバイスをくださった諸先生方に感謝いたします。また、最後まで根気強く激励くださった編集者の斉藤章明さんに感謝いたします。

竹田茂生
藤木　清

目　次

はじめに i
本書の構成と効果的な使い方 vii
シナリオキャラクターの紹介 viii

第1章　科学的方法 1

1-1　科学的方法　*3*
1-2　調査の体系　*5*
1-3　調査の2つのタイプ　*7*

ワークシート1　「仮説を立てよう」　*9*

1. あなたの身の回りで、社会問題となっている現象を書き出してみよう。
2. 書き出した現象の中から最も関心のあるものを選んで、なぜそのような現象が生じたのかを考えてみよう。
3. あなたの考えを検証するために、どのような方法があるかを考えてみよう。

第2章　データの種類と尺度 11

2-1　データの種類　*13*
2-2　変数と仮説　*15*
2-3　変数と尺度　*17*

ワークシート2　「4つの尺度を使って質問文と選択肢を作ろう」　*20*

4つの尺度を使って、それぞれに食堂（学生食堂、社員食堂、よく行く飲食店などを想定して）への要望についての質問文と選択肢を作ってみよう。

第3章　調査の基本概念 21

3-1　調査方法の種類と特徴　*23*

ワークシート3　「目的にあった調査方法を選択しよう」　*28*

各調査方法の特徴を考慮して、最適な調査手法を議論しよう。

コラム1　「直観と科学＝"考える葦"、"我思う、故に我あり"」　*29*

iii

第4章　観察調査の基礎 31

4-1　観察調査の種類　*33*
4-2　ミステリーショッパーの流れ　*34*
4-3　調査研究計画書のチェックポイント　*37*
4-4　ミステリーショッパーの事例（商店街）　*38*

ワークシート 4 「観察調査の調査研究計画書を作ろう」　*40*
　　与えられた項目を使って、観察調査の調査研究計画書を作ろう。

第5章　ミステリーショッパーの実施 41

5-1　ミステリーショッパーの観察項目の設定　*43*
5-2　観察シートの作成と実査　*44*

ワークシート 5 「観察シートを作ってミステリーショッパーを実施しよう」　*46*
　　テンプレートを参考にして、Excel でオリジナル観察シートを作ろう。

第6章　観察調査結果の分析と報告 47

6-1　調査データを分析する　*49*
6-2　発表資料にまとめる　*50*
6-3　ミステリーショッパーの発表資料の事例（京都）　*51*
6-4　プレゼンテーションの準備　*53*

ワークシート 6 「ミステリーショッパーの結果をまとめよう」　*56*
　　ミステリーショッパーの報告書スライドの骨子を作ろう。

第7章　インタビュー調査 57

7-1　インタビュー調査の流れとポイント　*59*
7-2　インタビュー調査の流れ　*63*

ワークシート 7 「インタビュー調査をやってみよう」　*67*

   1. 質問を作って、インタビュー調査を実施しよう。
   2. インタビューの結果から、改善案を提案しよう。

コラム 2 「ニューギニアからシカゴギャング、ショッピングまで」　*69*

第8章　質問紙調査の基礎　　71

   8−1　質問紙調査の流れ　*73*
   8−2　調査研究計画書の基本形　*74*
   8−3　サンプリングの方法　*76*
   8−4　質問紙調査の調査研究計画書の事例　*79*

ワークシート 8 「質問紙調査の調査研究計画書を作ろう」　*81*

   1. 母集団について考えよう。
   2. 与えられた項目を使って、質問紙調査の調査研究計画書を作ろう。

第9章　質問紙調査の実施　　83

   9−1　質問紙の構成　*85*
   9−2　質問項目作成の基礎　*87*
   9−3　ワーディング　*90*

ワークシート 9 「質問紙を作ってみよう」　*93*

   ワークシート 8−2 の調査研究計画書にもとづいて質問紙を作り、調査を実施しよう。

第10章　データ分析①　　95

   10−1　データ入力の準備　*97*
   10−2　データ入力　*98*
   10−3　SPSS へのインポート　*100*
   10−4　SPSS による集計　*103*
   10−5　SPSS の出力結果の保存とエクスポート　*109*

ワークシート10 「質問紙調査のデータを集計しよう」　*111*

1. ワークシート9の調査で回収した調査票を、本章の手順にしたがって、Excelに入力しよう。
2. 入力したデータをSPSSにインポートし、変数ごとに度数分布表を作ろう。

第11章　データ分析②　　113

11-1　クロス集計・カイ2乗検定　　*115*
11-2　t検定　　*121*

ワークシート11 「データを詳細に分析しよう」　*126*

調査したデータについて、仮説にもとづいて分析しよう。

コラム3 「データ分析と解釈」　*127*

第12章　報告書・レポートの作成　　129

12-1　調査結果報告書とレポートの作成　　*131*
12-2　論文の書き方　　*134*
12-3　有意確率の表記　　*137*

ワークシート12 「調査結果をまとめよう」　*143*

データ分析をもとに、調査報告書を作ろう。

補章　Excelによる集計と分析　　145

補-1　Excelによる集計　　*146*
補-2　Excelによるクロス集計　　*153*

索引 159
提出用ワークシート 161
参考文献 181

本書の構成と効果的な使い方

　本書は、おおよそ3部構成になっています。第1章から第3章は、リサーチを学ぶにあたって不可欠な社会科学や調査に関する基本的な概念と、専門用語の理解を目的に述べています。次に、第4章から第7章は、定性調査について説明しています。ここでは、よく利用される観察調査とインタビュー調査を取り上げています。そして、第8章から第11章は、定量調査の代表である質問紙調査について解説しています。各調査については、調査研究計画書の作成から、調査の実施、データの分析、そして報告書や発表資料の作成まで、順を追って解説しています。最後の第12章では、調査研究計画書をさらに発展させ、調査を主体にしたレポートや論文の書き方について触れています。したがって、本書で学ぶことによって、一貫した調査スキルを身につけることが可能です。

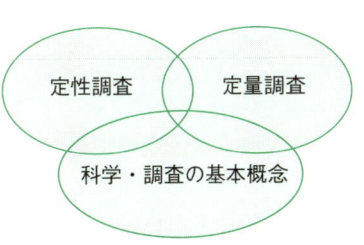

　本書には、各章にワークシートを設けています。ワークシートは、各章で学んだ知識を確認し、使える知識へと転換させる役割を担っています。本書は、調査の方法論を書いたものです。ですから、技術的な側面が主体となるものです。技術を磨き向上させるには、トレーニングを重ねるのが一番の早道です。皆さんも、いろいろな場面でワークシートを活用してスキルアップをはかってください。1日も早くリサーチに精通し、よい研究成果や実務での成果に結びつけていただくことを願っています。

　本書には3人の立場の違った学生と大学教員がキャラクターとして登場します。ときには道先案内、あるいは共感できる疑問など、日常的な風景を通して、学問をより身近な視点で臨場感を持って学んでいただけると思います。このような方法を私たちはシナリオラーニングと呼び、他のテキストにも採用しています。

　本書は、重要なリサーチを厳選して、企画からレポート作成まで一貫したスキルを修得することができます。学生の皆さんには、大学の4年間を通して活用していただけるでしょう。また、社会人の皆さんには、職場で必要なときに便利に利用していただけると確信しています。関連図書も活用しながら、どうか本書を十分に使い切っていただくように願っています。

シナリオキャラクターの紹介

武谷由紀夫（たけたに ゆきお）：経営学部経営心理学科3年生

　将来は、地域活性化とマーケティング戦略に関わる仕事に就きたいと思っています。彼が住む蓮浦市は、さびれた地方都市で、商店街はシャッター通りになっていますが、江戸時代にはかなり栄えた商業地で、観光でも有名な地域でした。そこで、いつかこの街を昔のように活性化したいと考えています。白部先生のゼミではマーケティングを中心にした研究を行っており、卒論のテーマは「観光資源を活用した地域活性化の研究」です。「リサーチ入門」では、スチューデント・アシスタントとして活躍しています。

本丸優子（ほんまる ゆうこ）：教育学部子ども学科1年生

　将来は小学校の先生になりたいと考えて、この学科を選びました。一人ひとりの児童の成長や活動を、しっかり見ることができる先生になりたいと思っています。姉の本丸真帆は、蓮浦市の朝日デパートで市場調査を担当しています。「リサーチ入門」の授業を受けることにしたのは、いつも客観的な情報を集め、的を射た発言をする姉を見習いたいと考えたからです。

山下友輝（やました ゆうき）：福祉看護学部看護学科1年生

　看護学科を選んだのは、小さいころからあこがれていた叔母の影響からです。でも、最近、病気になるのも貧困とか誤った慣習など社会的な背景があることを学びました。「一人ひとりの看護も大切だけど、研究することで多くの人を助けることができる」ことに気がつきました。

白部理沙（しらべ りさ）：蓮浦大学経営学部教授

　専門分野はマーケティングです。「マーケティング論」の他、「リサーチ入門」も担当しています。

科学的方法

> リサーチとは、データを使って論理的に説明することにほかなりません。その説明を誰もが納得して信用するには、科学的な方法が必要です。本章では科学について学び、科学する心構えを理解します。

 KEYWORD

帰納法　蓋然性　因果関係　仮説検証　問題発見

@キャンパス

武谷: いよいよ、大学生活がスタートしたね。

本丸: 先生が『大学では「生徒」から「学生」と呼び名が変わると同時に、学び方が変わる』と言っていた。

山下: 自ら調べ、記録したデータを分析することが中心になるのね。だから、研究の方法を学ぶことがとても重要だと白部先生が言っていたわ。

武谷: 関心あるテーマを見つけて、科学的な方法にもとづいて研究するということだよね。

　そうですね。自然科学でも社会科学でも同じですが、「科学する」とは自然現象や社会現象を調査し、事実にもとづいてその現象が起こった原因を証明することといえます。そのために、科学的な方法を学ばなければなりません。
　リサーチ入門では、代表的な科学的方法を学びます。そのような方法を学んでいくうちに、科学的な思考法も身についてきます。こうすることによって、皆さんは、今までと違った見方で世の中の現象を見ることができるようになるでしょう。

白部先生

1−1 科学的方法

1）知識を得るための2つの方法

　私たちの「知識」は、その大部分が「合意」と「信用」で成り立っています。太陽の周りを地球が回っているということは、実物を見たわけでも、自分自身で測定したわけでもありません。しかし、誰もが持っている知識です。これは、地球が公転しているということについて、書物や教師などから得た情報に合意し信用することによって成り立っているのです。

　一方、こうした外部から間接的に得る情報の他に、自分自身の経験から直接得る情報もあります。たとえば、ある学生が、自然食品のショップで行列ができている様子を見て、「今後、消費者の間では自然志向が流行るだろう」と予測したとします。本当に、この予測が正しいかどうかを確認するには、どのようにすればよいでしょうか。

2）科学的方法

　このような予測を確認するための科学的方法には、次の2つのタイプがあります。

　第1のタイプは、書籍や論文などから、関連するさまざまな情報（原因）にもとづいて自然志向が流行る（結果）ことを論理的に証明する方法です。すなわち、因果関係を明確にする方法です。

　第2のタイプは、たとえば観察というリサーチを自ら実施して、いくつかの自然志向系の店舗が流行っているかどうかを確認する方法です。「自然志向系のAショップ、Bショップ、Cショップ・・・で行列ができていた」のであれば、予測がある程度正しいことが確認できたことになるわけです。その他にも、アンケートやインタビューなどのリサーチを実施することも有効な方法です。

　この手続きは、「自然志向系のショップは人気がある」ことを証明するために、事例をいくつか列挙して推論するという方法です。これは帰納法といわれ、あてはまる事柄が多ければ、証明が正しいことをより強く主張することができます。

　このように、蓋然性（だいたいあてはまること）を高めることが、科学的

な手続きにはとても重要な要素となるのです。統計分析では、検定という方法で、あてはまりの度合い(確率)を測ります。

このテキストでは、第2のタイプ、すなわちリサーチの方法について学んでいくことを目的としています。

図表1－1－1　知識を得る2つの方法

図表1－1－2　因果関係の事例

~プロテスタンティズムの倫理と資本主義の精神~

　マックス・ヴェーバーは、ヨーロッパの経済発展が、プロテスタンティズムの宗教的倫理観によるということを論証しました。ヴェーバーは、資本主義という新たな経済システムを発展させた要因は、プロテスタントの質素・倹約・勤勉といった禁欲的な宗教倫理にもとづく生活様式とその価値観にあったとしたのです。そして、神への奉仕として、禁欲的に勤勉に職業に励むことは、神の意志に添う行為としてとらえられていたため、神からの救済を得るためには、神から与えられた職業すなわち経済活動に、よりいっそう励むことになったわけです。このようにして、プロテスタントの禁欲的宗教倫理が、近代資本主義を発展させる精神的エネルギーとなったことを論証したのです。

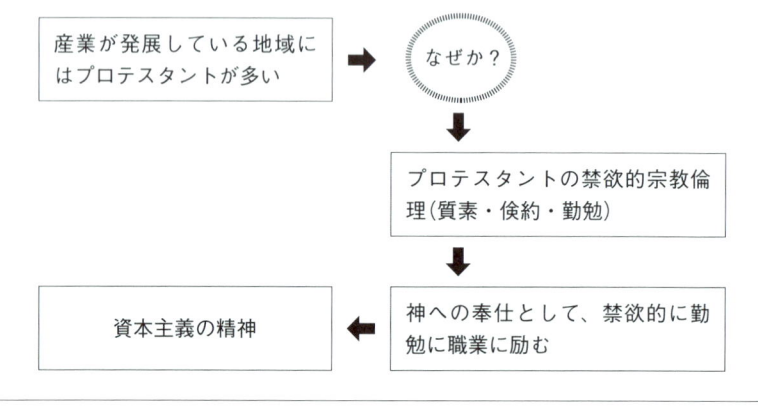

1-2 調査の体系

1) 社会調査の範囲と定義

　科学は、大きく分けて、自然現象を研究対象にする自然科学と、社会現象を研究対象とする社会科学に分類されます。社会現象とはおおむね人間の行為によって発生する現象です。したがって、社会科学は人間の行為について科学的に研究する学問といえます。このテキストでは社会科学の領域を扱います。

　前節で述べたように、社会科学は、人間の行為について、データの収集と分析にもとづいて論理的に説明することです。そのための方法論が社会調査です。社会調査は、世論調査、余暇調査、消費者行動調査、教育調査など、人間の行為の領域によってさまざまな呼ばれ方をします。

　社会調査は、データの種類によって次の2つに分類できます。主に数値データを扱う調査を、定量調査または量的調査といいます。一方、主に文字など数値以外のデータを扱う調査を、定性調査または質的調査といいます。定量調査は数値を扱うので、全体像をつかみやすいという特徴があります。しかし、数値を加工し分析するためのスキルが必要です。これに対し、定性調査は言語情報が主体なので、理解しやすいですが全体像がつかみにくいという特徴があります。

2) 社会調査の流れ

　独自に新たに収集するデータを1次データといい、既存のデータを再利用するものを2次データといいます。本テキストでは、自分の研究テーマの解決のために行う1次データの調査方法について学習することを目的にしています。ただし、2次データは、1次データを収集するための調査企画において、課題の理解を深め、仮説を設定するために重要な役割を担っています。さらに、1次データの解釈を深めるうえでも大切です（詳細は2章）。

　調査の流れは、まず、何を知りたいか、または解決したいかという問題意識から始まります。次に2次データである既存資料を探索して課題を明確にします。調査課題の設定にあたっては、2次データによる文献調査を十分に行うことが重要です。

次に、仮説の検証のために調査をデザインしていきます。調査対象者の選定、調査方法の選定、サンプリングなどの調査計画の設定、調査の実施、データ収集と処理、データ分析、報告書・論文の作成といった一連の作業を行うことになります。

図表1-2-1　社会調査の主な種類

1次データ	調査	《定量調査》 面接調査 電話調査 郵送調査 会場調査 インターネット調査	《定性調査》 個別インタビュー グループインタビュー ディプスインタビュー
	観察	観察調査 参与観察調査 ミステリーショッパー(店舗観察調査)	
	実験	心理テスト 感性テスト(味覚テスト)	
2次データ		文献調査 ドキュメント分析 データの2次分析	

図表1-2-2　調査の流れ

STEP 1　調査課題の設定
↓
STEP 2　調査課題の明確化(2次データ)
↓
STEP 3　調査対象の設定
↓
STEP 4　調査研究計画書の作成・仮説の設定
↓
STEP 5　調査の実施
↓
STEP 6　調査データの収集分析・仮説の検証

STEP 7 報告書作成
レポート論文の作成
発表資料の作成

STEP 8 発表

1-3 調査の2つのタイプ

1) 問題発見型と仮説検証型

　調査は、通常、問題発見型と仮説検証型に分類されます。問題発見型は、結果としての現象があるけれども、原因が不明瞭な場合に行います。たとえば、医療事故や交通事故など、同じような事故が繰り返し起こる場合があります。このような場合には現場（フィールド）に行って、観察やインタビューを通して、何が原因なのか、問題の本質は何なのかを解明していきます。

　一方、仮説検証型とは、分析対象について仮説を立て、それがある程度（蓋然的に）正しいかどうかを観察によって判断する方法です（仮説については、2-2節参照）。

　たとえば、客の入りが多い店舗と少ない店舗を比較して、なぜそのような違いが生じるのかを明らかにしたい場合、漠然と眺めていただけでは、原因を発見することは難しいでしょう。この場合は、客の入りの決め手となる要因を複数考えておき（仮説を立てる）、果たしてそれがあてはまるのかを実査する（検証する）ことになります。このような手順で調査をすれば、観察するポイントが明確になり、集中して観察することが可能となります。また、たとえ仮説が正しくなかった場合においても、さらに仮説を深掘りしていくことで、新たな仮説につながる可能性があります。ただし、先行研究や事例がない全く新しい現象を取り上げる場合には、仮説の設定が難しいため、フィールドでの観察などを通して、原因となるような現象を網羅的に収集し、仮説構築に結びつけるという手順を踏みます。

　通常は、事前調査（プリテスト）として、現場（フィールド）での観察や小規模なアンケートなどの問題発見型調査を実行し、原因となる現象のデータ

を網羅的に収集します。次に、ブレーンストーミング等で主要な原因となる現象を抽出し、独立変数と従属変数を明確にして仮説を構築します(詳しくは第2章参照)。そして、仮説検証のための最適な調査研究計画書を作成し、調査を実行します。

2) 仮説検証型の事例

わかりやすいように、事例をあげてみましょう。ユニセフのホームページを見ると、写真に「女の子の登校率が上がると、子どもの死亡率が下がる」というキャッチコピーが書かれています。登校率と死亡率の関連は、出産経験のある女性の学歴と子どもの状況を調査することによって、明確になります。そこで、次のような仮説が成り立つでしょう。

> 女の子が学校に通うと、健康的に暮らすことや衛生に関する知識を得ることができる。そうすると、病気やHIVから身を守ることができる。その結果、健康な母体が育まれ、子どもの死亡を減少させることができる。

実際、ユニセフが毎年行っている発展途上国のデータを分析すると、小学校を出ていない母親の子どもの死亡率は、小学校を出た母親の子どもにくらべて2倍となっていることが明らかになったそうです。そこで、上記のコピーが書かれたのでしょう。

写真1−3　ユニセフの広告

(ユニセフ　ホームページより)

> **ワークシート1** 　　仮説を立てよう

1. あなたの身の回りで、社会問題となっている現象を5つ書き出してみよう。

（1）

（2）

（3）

（4）

（5）

2. 書き出した現象の中から最も関心のあるものを1つ選んで、なぜそのような現象が生じたのかを考えてみよう。

3. あなたの考えを検証するために、どのような方法があるかを考えてみよう。

データの種類と尺度

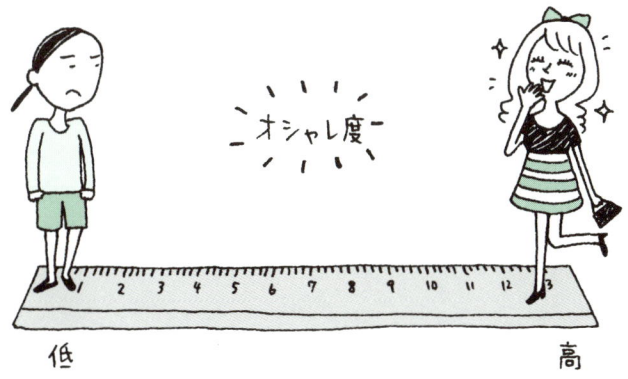

調査を設計するにあたって、課題を整理するための重要な概念をしっかり理解しておくことが大切です。本章では、課題から導き出した仮説と、変数や尺度との関係を学びます。

 KEYWORD
1次データ　2次データ　定性データ　定量データ
変数　尺度

@キャンパス

本丸　科学って、理系の学生にしか関係ないと思っていたわ。私たち、文系の学生にとっても重要だったんだよね。ちょっと、認識を新たにした発見だったわ。

武谷　科学的な視点について、前回の授業で学んだね。調査設計するには仮説が重要で、その検証を行うために科学的方法を用いるんだったね。

山下　仮説を立てる手順って、どうなんだろう。まず、何から始めたらいいのかしら。

そうですね。調査の実施にあたって、課題の背景についてよく調べておくことが肝心です。また、すでに類似のテーマで書かれている論文や調査結果をレビューしておきましょう。そのうえで、仮説を立てるためには、変数という概念が重要になります。

白部先生

> 2-1 データの種類

1) 1次データ（primary data）と2次データ（secondary data）

データの種類は、1次データと2次データに分類できます。

特定の目的のために、調査者自身が独自に集めたデータを1次データといいます。また、人口統計や世論調査などの政府統計のように、すでに他者によって集められた既存のデータを2次データといいます。

2次データを利用するメリットは、調査しようとしているテーマに関するデータがすでに公開されていれば新たに調査する必要がなく、コストも時間も短縮できるという点です。また、新たに調査を実施する場合も、調査を企画する際の重要な参考資料となります。たとえば、以前に行われた質問紙調査において無回答が多い質問や選択肢などがあれば、新たに同様の調査をする場合に、その質問や選択肢をあらかじめ削除することもできます。逆に、1つの選択肢に偏った反応であれば、その選択肢を分割するといったヒントを得ることもできます。

デメリットとしては、特定のテーマについて独自の視点で考察をしようとすると、適合した既存のデータは存在しません。そこで、特定の目的のために独自でデータを集めることになります。すなわち、これが1次データです。

2) 定量データ（quantitative data）と定性データ（qualitative data）

一方、データはその特性によっても2つに分類できます。数値で測定するものを、定量データまたは量的データといいます。文字などの数値以外のデータを、定性データまたは質的データといいます。したがって、1次データ、2次データと組み合わせることにより、4種類のデータに分類できます。

データの種類は調査方法と強い関連があります。たとえば、インタビュー調査を用いると、主に定性的な1次データが得られ、質問紙調査を用いると、主に定量的な1次データが得られます。調査の目的によって、どのようなデータを得る必要があるのか、そのためにはどの調査方法が最も適しているのかを判断する能力が必要なのです。

例として、大学病院で医療事故が多いというような状況があった場合を考

えてみましょう。まず、看護師など主な関係者にインタビューを行って、どのような医療事故が多いのかを確認します。仮に、A、B、C、Dの4種類の事故を見つけることができたとしましょう。次に、すべての関係者を対象に、質問紙調査で確認します。その結果、Dの事故が最も多く、B、A、Cの順だとしたら、事故を量的に減らすための優先順位が発見できたことになります。そして、Dの事故の原因について再度インタビューを行います。さらに、インタビューで得られた項目について、定量調査で量的な把握をする…といったように、問題が解決するまで作業を繰り返していくことになります。

図表2-1-1　1次データと2次データの特徴

	メリット	デメリット
1次データ	・独自の視点にもとづいたデータを入手可能	・時間、コストなどが必要
2次データ	・質問項目や選択肢の作成の参考として活用可能 ・時間、コストの節約	・独自の視点に適合したデータの入手が困難

図表2-1-2　データの事例

	定性(質的)データ	定量(量的)データ
1次データ	特定の個人、企業・団体が実施するインタビュー調査など	特定の個人、企業・団体が実施する質問紙調査など
2次データ	新聞記事、雑誌記事など	国勢調査、世論調査など

図表2-1-3　既存のデータの活用法

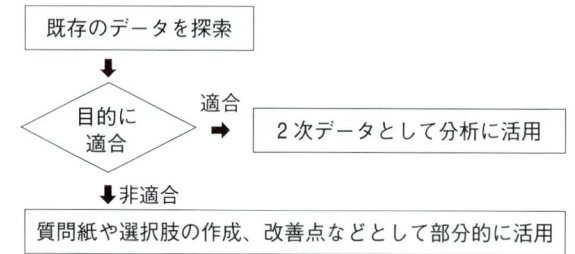

図表2-1-4　問題解決のための調査の位置づけ

1. 問題発見　　　　定性調査（インタビュー調査など）
2. 問題の量的確認　定量調査（質問紙調査など）
3. 原因の探索　　　定性調査

（解決するまで繰り返し）（問題が明確な場合は、2からスタート）

2-2 変数と仮説

1) 変数（variable）

調査ではさまざまなデータを扱います。データを収集し、整理する際には、変数という概念が重要になります。変数とは、値が複数あるものを指します。

変数を理解するために、質問紙調査を例にとって考えてみましょう。質問紙の作成にあたって、質問項目や選択肢を設定します。このとき、単一回答なら質問が、複数回答なら回答選択肢が変数に該当します。

たとえば、次の問1のような単一回答の場合は、質問が変数に該当します。

問1.「あなたは、みかんが好きですか。」（1つだけ○印）
　　1. はい　　　2. いいえ

一方、問2のような複数回答の場合、質問の選択肢のそれぞれが変数に該当します。みかんの選好（好きか、そうでないか）、同様に、りんごの選好、バナナの選好について質問していることになります。したがって、各選択肢が変数に該当することになります。

問2.「あなたが好きな果物はどれですか。」（いくつでも○印）
　　1. みかん　　2. りんご　　3. バナナ

第2章　データの種類と尺度　15

このように、変数とは「対象(この例では回答者)によって値が変わるもの」を指しています。「みかん」というだけでは変数になりません。「みかんが好きか」ということによって、「はい(好き)」、「いいえ(好きではない)」というように値が変化し、変数が生まれるのです。

また、質問紙調査では、変数は単一回答の場合は質問番号、複数回答の場合は質問番号と選択肢番号の組み合わせで表現するのが一般的です。したがって、データ入力の際には、データの所在を示す番地のような役割を持ちます。この例では、問1、問2_1、問2_2、問2_3というように、それぞれ特定の場所を示しているわけです。こうして、果物、みかん、りんご、バナナの選好を区別することができるようになります。具体的には、10-2節のデータ入力の図表10-2-2〜10-2-4を参照して下さい。

2) 仮説(hypothesis)

特に変数が重要な意味を持ってくるのは、仮説を設定するときです。仮説とは、ある現象を合理的に説明するため、仮に立てる説のことをいいます。設定した仮説を調査や実験、観察などによって検証を行っていきます。仮説を立てる場合には、因果関係(causal relationship、因=原因、果=結果)を前提に考えます。2つの変数のうち、原因となる変数、すなわち説明する方の変数を独立変数(independent variable)、または説明変数ともいいます。一方、結果となる変数、すなわち、説明される方の変数を従属変数(dependent variable)、または被説明変数といいます。

たとえば、「女性はフルーツが好きだ」という仮説は、言外に「女性は(男性より)、フルーツが好きだ」という性別の比較の意味が含まれています。つまり、この仮説は、性別という独立変数とみかんの選好という従属変数で成り立っています。

注意しなければならないのは、独立変数と従属変数の関係です。独立変数は、従属変数より時系列上、先に位置するものでなければなりません。わかりやすくいえば、女性という特性がフルーツの選好に影響を与えているのであって、フルーツが好きだから女性になったということはありえないからです。

図表2−2−1　仮説と変数

疑問文：「女性はフルーツが好きだろうか。」

肯定文：「女性は（男性よりも）フルーツが好きだ。」＝仮説

独立変数	従属変数
性別	フルーツの選好
男性・女性	フルーツが好き・フルーツが嫌い

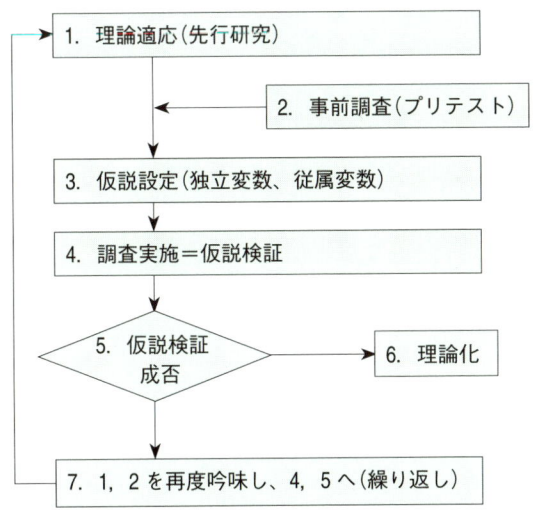

図表2−2−2　社会科学の研究プロセスモデル

2−3　変数と尺度

1) 尺度（scale）

　統計では、違いを明確にするためにいろいろなものを測定します。測るためには尺度となる基準が必要です。たとえば、「長さ」と「色」の違う2本のひもがあるとしましょう。「長さ」は、2本のひもが「同じなのか異なるのか」という性質（同一性）に加え、「どちらのひもが長いのか」という性質

第2章　データの種類と尺度　17

（順序性）を持っています。さらに、ものさしを使えば、「何cmの差があるのか」（加法性）とか、「何倍の長さがあるのか」（等比性）を知ることができます。

それに対して、「色」は2本のひもが同じなのか異なるのかという判断はできますが、「色」そのものには順番という性質はありませんし、量的な測定もできません。

このように、「長さ」や「色」のように個々のケースによって値が変化するものを変数といいますが、変数がもっている性質が異なっていることに注意しましょう。

変数は、その性質によって質的変数(qualitative variables)と量的変数(quantitative variables)の2つに大きく分類されます。

質的変数は、数や量で測れない変数です。たとえば、色の他、性別や職業などさまざまなものがあります。これらの変数の値は、性別ならば、男性＝1、女性＝2や職業ならば、会社員＝1、自営業＝2のように集計の都合上、便宜的に数値で表現することがあります。しかし、この数値は数量を表現しているわけではないので、平均値などを算出しても意味がありません。

質的変数のうち、性別や職業などのように対象の単なる質的な違いに対して数値を割り振ったものは名義尺度(nominal scale)に分類され、順位など、対象の順序に従い数値を割り振ったものは順序尺度(ordinal scale)に分類されます。名義尺度に分類される変数は、同一性の性質のみを持ち、順序尺度に分類される変数は、同一性、順序性の両方の性質を持っています。

一方、変数の値が連続的な数量としてみることができる変数のことを量的変数といいます。量的変数は、数値の割り振り方が等間隔になっており、計算が可能です。つまり、量的変数は平均を算出して意味がある変数です。

量的変数のうち、時刻などの変数のように絶対的な原点のないものは間隔尺度(interval scale)に分類されます。一方、長さや重さなどのように絶対的な原点を持ったものは比例尺度(ratio scale)に分類されます。

したがって、間隔尺度に分類される変数のデータは同一性、順序性の他、加法性の性質を持っており、加算、減算が可能ですが、乗算、除算は意味がありません。一方、比例尺度に分類される変数のデータは同一性、順序性、加法性、等比性の性質を持っており、加減乗除が可能です。

このように、変数はもっている性質によって4つの尺度に分類されるのです。

図表2-3 尺度の種類

変数	尺度	性質	変数例
質的変数 (qualitative variable)	名義尺度 (nominal scale)	同一性(性別が等しい、等しくない)	性別、在籍学科名
	順序尺度 (ordinal scale)	同一性(コーヒーと紅茶は同じくらい好き) 順序性(ココアより紅茶が好き)	順位 (好感度ランキング、競走の着順)
量的変数 (quantitative variable)	間隔尺度 (interval scale)	同一性(明日の最高気温は今日と同じ) 順序性(明日の最高気温は今日よりも高い) 加法性(明日の最高気温は今日より1度高い)	温度
	比例尺度 (ratio scale)	同一性(AはBと同じ重さ) 順序性(AはBより重い) 加法性(AはBより1キロ重い) 等比性(AはBの2倍の重さ)	長さ、重さ、入学者数、給料など

 **ワークシート2**　　4つの尺度を使って質問文と選択肢を作ろう

4つの尺度を使って、それぞれに食堂(学生食堂、社員食堂、よく行く飲食店などを想定して)への要望についての質問文と選択肢を作ってみよう。

名義尺度

順序尺度

間隔尺度

比例尺度

調査の基本概念

> どのようなデータを収集するかによって調査方法も変わってきます。また、期間、費用などいろいろ条件を考慮しなければなりません。本章では、各種調査の特徴について学びます。

 KEYWORD

調査の方法の種類と特徴　調査の流れ

> @キャンパス

武谷　仮説を立てるときには変数を考えることが大切だって、先生が言っていたね。

山下　特に、質的変数と量的変数が重要だったのよね。

本丸　それから、尺度は4つに分類されるのよね。後で分析することを想定して、尺度をきちんと考えておく必要があるのよね。

山下　ところで、この前サークルの合宿に行ったとき、「SL機関車を復活させるかどうか」のアンケート調査をやっていたわ。

本丸　私は、商店街で買い物をしているとき、インタビューされた。商店街の利用状況やイメージなんかを聞かれたわ。

武谷　先週、ぼくの家に電話がかかってきて、今の内閣を支持するかなどについて聞かれた。新聞社の世論調査らしい。調査といってもいろいろな種類があるんだね。

調査方法にはさまざまな種類がありますね。目的を明確にして、それに合った調査方法を選択することが大切です。そのためには、調査の種類と特徴を知らなければなりませんね。

白部先生

3−1　調査方法の種類と特徴

1）調査方法の種類

　調査の方法は、調査の目的によってさまざまです。たとえば、政策などの意思決定に用いるデータを収集するには、正確さを重視する必要があるでしょう。一方、ビジネスの世界でスピーディに意思決定を行うためには、短い期間で実施できることが重要になってきます。このように、調査の目的や状況に応じて、最適な調査方法を選択することが重要です。そのためには、それぞれの調査方法の特徴を把握する必要があります。

　社会調査の方法は、大きく分けると定性調査と定量調査の2つに分類できます。

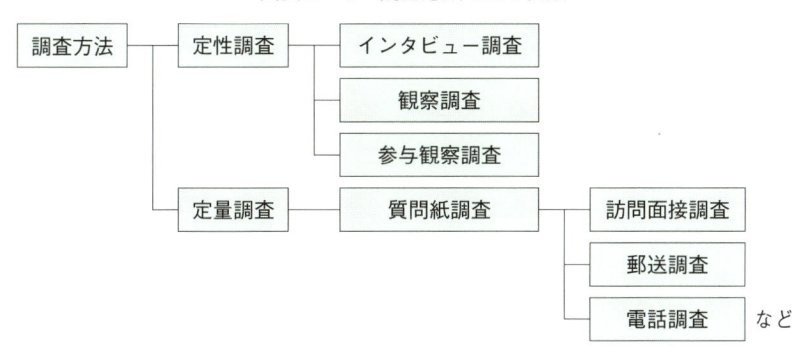

図表3−1　調査方法の主な種類

```
調査方法 ─┬─ 定性調査 ─┬─ インタビュー調査
          │            ├─ 観察調査
          │            └─ 参与観察調査
          └─ 定量調査 ─── 質問紙調査 ─┬─ 訪問面接調査
                                      ├─ 郵送調査
                                      └─ 電話調査   など
```

2）定性調査（qualitative research）の種類と特徴

　定性調査には、分類の仕方によって、いろいろな調査方法がありますが、ここでは代表的な定性調査をあげておきます。

　定性調査には、対面式で対象者の話を聞くことを主体とするインタビュー調査が最も多く利用される調査手法です。また、観察を中心にするものに、4章で詳しく説明する観察調査や参与観察調査などがあります。また、歴史的な記録などをデータとして用いるドキュメント分析などがあります。

　インタビュー調査は面接方式で行われます。インタビュー調査のメリットは、対象者の生の声を聞くことができ、また反応を確認し臨機応変に深い

内容まで踏み込んで質問できることです。仮説を設定したい場合や、いろいろなアイデアを引き出したい場合などにも有効です。

＜対象者による分類＞

インタビュー調査は、一般的なインタビューの他に、調査対象者の違いによって次のような種類に分けられます。

(i) ディプスインタビュー

対象者の深層心理を把握するために行われる方法で、通常1対1の面接形式で行います。個人的な情報などを聞くことになるので、対象者との信頼関係を築くことが大切になります。そのため、話しやすい雰囲気を作るとか、複数回にわたって実施するなどの工夫をすることが大切です。

(ii) グループインタビュー

マーケティングリサーチの分野でよく使われる方法です。通常はインタビュー会場で5、6人くらいのグループごとに実施します。司会者の進行に沿って座談会形式で面接調査を行います。グループで行うことにより、一度に多くの対象者から情報を得ることができます。また、対象者同士が反応して、予期せぬ本音が引き出せるのがこの調査の魅力です。一般的には、対象者の負担を考慮して2時間程度で行われます。そのため、1人あたりの発言が少なくなってしまう点がデメリットといえます。

(iii) 有識者調査

専門家や有識者に、特定問題について詳しい意見を聞くことを目的とした方法です。たとえば、10年後のがんの治療について、医師や医療技術者など、いろいろな専門家に違った角度から聞き取りをすることによって、治療の将来像を描き出すことができます。

＜質問形式による分類＞

質問の形式からインタビュー調査を分類することもあります。構造化質問、半構造化質問、非構造化質問の3種類に分類されます。

(i) **構造化質問**(structured interview)

構造化質問は、質問項目があらかじめすべて決められているものを指します。多くの人に同じ質問を行うことで、回答の分類を通して系統だった分析が可能となります。グループインタビューの場合は、この質問形式を用いることが多く用いられます。

(ii) 半構造化質問（semi-structured interview）
　半構造化質問は、あらかじめ一部の質問を設定しておき、回答者との話の流れによって質問の順序を変えたりして、柔軟に対応する方法です。質問に自由度があるので、予期していなかった情報を得ることができる可能性があります。比較的よく使われる形式です。

(ii) 非構造化質問（unstructured interview）
　非構造化質問は、相手の反応に合わせて聞き取りを行うもので、自由度が高いので思わぬ知見を得る可能性があります。ただし、主題（テーマ）を明確にしておかないと、せっかく答えてもらっても知りたい情報が引き出せないということになりかねないので、注意が必要です。

図表3-2　インタビュー調査

	対象者	時間の目安	質問形式
インタビュー	調査者　1名 対象者　1名	通常1回あたり 1時間～1時間30分	半構造化質問
ディプスインタビュー	調査者　1名 対象者　1名	複数回1回あたり 1～2時間	半構造化質問 非構造化質問
グループインタビュー	調査者　1名 対象者　5,6名	通常1回あたり 2時間	構造化質問 半構造化質問

3) 定量調査（quantitative research）の種類と特徴
　量的なデータを収集することを目的とした調査は、調査票を用いて行うもので、質問紙調査が代表的なものです。アンケート調査という言い方が一般的です。質問紙調査には、さまざまな方法がありますが、代表的なものを紹介します。

(i) 調査員訪問面接調査
　調査員が調査対象者宅を訪問し、対象者本人に調査票の設問に沿って質問し、回答を調査員が聞き取って調査票に記入します。調査手法としては最も信頼のおける方法です。しかし、デメリットとしては、対象者本人に会わなければならないため、日程調整、人件費や交通費など、かなりの時間とコストがかかる点があげられます。

(ii) 調査員訪問留置調査

調査員が対象者宅を訪問し、対象者本人による記入を依頼して調査票を預け、2～3日後の回収日を約束します。対象者は自分自身の空き時間に調査票に答えることができるメリットがあります。一方、他の自記式調査と同様、質問意図を読み違えたり、質問の流れを逆行したりということもありますから、調査票の作成段階では十分な注意が必要です。

(iii) 郵送調査

質問紙を郵送によって対象者に送付し、郵送で回答した質問紙を送り返してもらう方法です。調査員による調査に比べて安価で、広範な地域で調査することが可能です。しかし、回収率が低く、回答に偏りが起こやすいことがデメリットです。

(iv) 電話調査

質問量が比較的少なめで、低コストで短期間に行いたい場合に適している調査です。しかし、最近は電話帳に電話番号を掲載しない傾向や、携帯電話の普及で若年層が固定電話を持たない傾向にあることから、電話帳に番号を掲載している人に偏りがあり、調査精度の点で劣る面があります。

現在、マスコミ各社が行っている選挙調査は、ほとんど電話調査で行っています。上記のデメリットに対応するため、乱数電話番号抽出（RDD）方法を導入したり、投票所での出口調査と組み合わせたりする方法により、データを補正して精度を上げる工夫がなされています。

(v) インターネット調査

インターネットが普及し、対象者の抽出に偏りが少なくなったため、活用が広がっています。電話調査と同様のメリットもデメリットもありますが、動画や音楽を使ったり、ウェブサイトを参照したりする調査も可能です。専門機関（会社）では数十万人のモニターが登録され、調査目的に合った複雑なスクリーニングもできるようになっています（第12章論文見本p.139参照）。

(vi) 街頭調査

特定の地域での来街者に調査をするためのものです。調査員が自分の前を通る人に何人かおきの間隔で調査を依頼し、聞き取り調査をします。最小限の質問の後、調査票と返信用封筒を渡して記入後の返送を依頼する方法もあります。秋葉原や銀座など、特定の階層を対象に調査を実施したいときに

使うと有効です。ただし、公道上では警察、私有地では管理者の許可を得ておくことが必要です。

(vii) 来場者・来店者調査

　店舗や大規模商業施設、ショールームや催し物会場などへの来場者に対して調査するものです。施設の一角に調査スペースを用意し、回答者自身に記入を依頼するか、もしくは調査員が聞き取りするといった方法で行います。

(viii) セントラル・ロケーション・テスト(CLT)、会場調査

　対象者を1つの会場に集めて一斉に調査する方法です。短期間で多くの回答を得たい場合には、適切な方法です。

図表3-2　主な定量調査の特徴

	訪問面接調査	訪問留置調査	郵送調査	電話調査	インターネット調査
精度・正確さ	対象者本人に確認して対面で実施するため精度は高い。	対象者不在時は家族等に依頼するため本人確認は曖昧。	対象者の本人確認は不可能。	口頭での応答で本人確認は可能。	本人確認はできない。IDやパスワードなどで確認。
実査期間	対象者本人に会うため、日時調整など通常3～4週間は必要。	実査期間は通常2～3週間程度。	通常、2週間程度。消費者が対象の場合、土日を2度はさむ。	通常、2、3日。	専門機関のモニター利用では、1週間以内で可能。
費用	調査員の人件費や交通費など、費用がかなり必要。	調査員の人件費や交通費が必要。	郵送関連費用のみ。回収数が少ないと1票あたりの費用は高い。	電話に関連する費用。	インターネットに関連する費用。
質問に関する留意点	対象者との面談時間への配慮が必要。対面では、答えにくい質問は不可。	対象者の自由な時間に回答が可能なため、質問量を多くできる。	対象者の自由な時間に回答が可能なため、質問量を多くできる。	拘束時間を配慮すると、通常5分程度の範囲での質問量となる。	回答の中断、再開などができにくいので、回答時間に配慮した質問量となる。
回収率	対象者との信頼関係により回収率を高めることが可能。	面接に比べるとやや回収率は劣る。	回答者が投函するなど負担が多いため、回収率が低い。	調査協力が得にくく、回答率が低い。	モニターを利用すれば回収率は高い。

第3章　調査の基本概念　27

ワークシート3　目的にあった調査方法を選択しよう

各調査方法の特徴を考慮して、最適な調査手法を議論しよう。

設問	解答	理由
a. 大学の研究者が、全国の人々の暮らしぶり（食生活など）について調査したい。予算はできるだけ抑えたい。		
b. 新聞社が消費税の政策について、国民の意見を知りたい。予算は気にすることはない。		
c. 新製品の使い方について、いろいろなアイデアを知りたい。予算はできるだけ抑えたい。		
d. 新製品について、1週間後に販売の是非を決定したい。新製品についての購入意向を消費者に聞きたい。		
e. 10年後の通信手段の状況について知りたい。		

> **コラム1**　直観と科学＝"考える葦"、"我思う、故に我あり"

　デカルト（肖像画左：René Descartes 1596～1650）は、フランスの哲学者であり、数学者でもあります。彼は、「我思う、故に我あり」という有名な言葉を残しています。解釈はいくつかありますが、その１つは、「何がどんなに変わっても、今『変わった、変わらない』などと考えている私自身の存在は変わらない。そして、研究の主体は変わらない人間であり、その理性（論理的に考える能力）は万能である」というものです。

　さらに、世の中の現象は、すべて因果関係によって成り立っているので、演繹法にしたがって論理的に仮説を立て、帰納法に則ってデータを分析することによって、すべて理解することができると考えたのです。今日の科学理論は、デカルトのこのような考え方に依っているのです。近代の科学は、デカルトのこの考え方を採用し発展してきました。そのため、デカルトは近代哲学（科学）の祖といわれています。

　一方、デカルトとほぼ同時期に活躍していたのが、パスカル（肖像画右：Blaise Pascal 1623～1662）です。彼は早熟の天才として、やはりフランスで生まれています。物理学、哲学、数学の分野で偉大な業績を残しています。天気予報でよく耳にする気圧の単位である「ヘクトパスカル」は、彼の名前からつけられたものです。

　熱心なキリスト教の家庭に育ったパスカルは、科学者としての一面の他に、宗教家としても知られています。パスカルも、有名な言葉「人間は考える葦である」を残しています。この意味をもう少し原文に忠実に訳すと、「人間は一本の葦にすぎない。自然のうちで最もひ弱い葦にすぎない。しかし、それは考える葦である」という表現になります。

人間を万能と考えたデカルトとは異なり、パスカルは、人間の理性には限界があり、ときに偶然に左右されるものであると考えました。デカルトに対しては、「生命や自然に対する謙虚さがない」と、批判的な立場をとりました。
　2人が活躍していたころのヨーロッパでは、科学が急速に発展しており、人間の理性がやがて世界の真実を明らかにするという考えが支配的になっていました。そして、旧来のキリスト教的な価値観には懐疑的な考えが広まりました。こうした風潮に、パスカルは警鐘を鳴らしたといえますが、17世紀以降、人類は「デカルトを採用し、パスカルを捨てた」のです。
　ところが、21世紀になって、人類の想定を超えた東北の地震と津波により、福島では深刻な原発事故が起こってしまいました。日本の「原発安全神話」はもろくも崩れ去りました。
　科学的な方法論としてはデカルトの考え方が正しいといわれています。しかし、科学を学ぼうとする皆さんには、どちらが正しいというのではなく、あらためて2人の言葉に耳を傾けていただきたいと思います。

第 4 章

観察調査の基礎

定性情報を得る手法として、観察調査が有効です。中でも、ミステリーショッパーは形式が定型化されており、観察調査の理解が容易になります。本章では、観察調査の設計や調査研究計画書の作成の基礎を学習します。

KEYWORD

定性調査　観察調査　ミステリーショッパー

@キャンパス

武谷：前回は、調査方法はいろいろなものがあるけど、目的に合わせて調査方法を選択しなければいけない、という話だったね。

本丸：今回は消費者の視点で店舗などを調べるらしい。実際に店舗や施設に行って観察してくるんだって。

武谷：まずは、問題意識が大切だね。何のために、何を調べるのか、しっかりと計画を作らないとね。

山下：私たちのグループでは2つの病院を比較することにしたわ。「病院における待ち時間の改善」をテーマにしたの。最近開院した橋本病院の外来受付は、待ち時間がほとんどなくて患者さんの評判がいいらしい。橋本病院を観察してくれば、他の病院にもきっと役に立つはず。

本丸：私たちのグループは、最近話題のカフェ「スターボックス」の人気の理由を調べようと思ってるの。雑誌や文献では、ホスピタリティや、いやしなどのキーワードがたくさんでていた。この視点が、従来の喫茶店とは違うスターボックスのよさ、優位性なんじゃないかと思って。

白部先生：そうですね。まずは2次データを収集し、しっかりと仮説を立てて調査内容を考えましょう。必要な項目を決めて、計画書を作ってみましょう。

4-1 観察調査の種類

本章からは、代表的な定性調査の1つである観察調査について学習していきます。

1）観察調査

観察調査とは、一定期間、ヒトやモノなどの調査対象を観察することにより、状況や行動に関する情報を得る調査手法であり、文化人類学や社会学などで多く用いられています。観察の方法は、観察者自らの目で行ったり、交通量の調査などでは観測機器を用いて行うこともあります。通常、観察期間、時間帯、場所などを特定化し、あらかじめ定めておいた観察項目にもとづいて記録していきます。

観察調査の種類は、目的や対象によってさまざまですが、ここでは参与観察調査とミステリーショッパーについて説明します。

（i）参与観察調査

参与観察調査は、観察者自らが特定の組織や集団の一員となって、集団の行動を観察したり会話をしたりして、その組織や集団を深く理解しようとする調査法です。集団のメンバーと親しくなることによって、単に観察するだけではない、より詳細な定性データを収集することが可能になります。ただし、入り込みすぎると考えが集団に同化し、客観的な視点を保持しにくくなるため、注意が必要です。

（ii）ミステリーショッパー（店舗観察調査）

ミステリーショッパーは、主にマーケティングリサーチ（市場調査）で多く用いられている手法です。また、調査のフィールドは、店舗だけでなく、学校や病院などの施設、ある特定地域の街並みなども広く活用されています。ミステリーショッパーの方法は、調査員が顧客として店舗内の状況や店員の接客態度、他の顧客の購買行動などについて観察を行うものです。これらの観察で得られたデータにもとづいて、顧客の立場に立った店舗の設備づくりやサービスの改善に役立てます。調査にあたっては、表面的な観察にとどまらず、繰り返し観察をしたり、店員に質問するなどの方法により、より詳しいデータを収集する工夫を行うことが重要です。特に、店舗の内装や商品、

陳列などを観察する場合には、顧客の反応にも注意します。
　次節以降、観察項目が定型化されているミステリーショッパーについて取り上げます。

図表4－1　観察調査の例

- 買い物客特性(性別・年齢)調査
- 接客態度の観察調査
- 店頭価格調査
- 教育現場での児童・生徒の観察
- タウンにおける流行観察調査
- 歩行動線観察調査(店舗内の歩行軌跡など)
- 自動車類の交通量実態調査
- 小売店などの立地場所観察調査
- 街並み調査

4－2　ミステリーショッパーの流れ

　ミステリーショッパーも、他の調査と同様に、調査研究計画書の作成、観察シートの作成、実査、分析、調査報告書の作成の順で行われます(図表4－2)。
　店舗に関するミステリーショッパーは、店舗の内外の清掃状況や店舗内の雰囲気、および店員の接客態度が観察項目になります。しかし、調査対象の特性や調査目的に応じて観察項目を変更したり、特定の項目を詳細に評価したりして、調査内容を適切に設計することが求められます。そのためには、調査研究計画書を作成し、調査の内容を綿密に吟味しておくことが重要です。

1）調査研究計画書
　調査研究計画書の必須項目は、図表4－3に掲げている通りです。
　特に、背景、目的、仮説は重要な項目です。ミステリーショッパーによって何を明らかにしようとするのかを、あらかじめ明確にしておかなければなりません。

たとえば、2つのホームセンターの客数に差があり、その原因を知りたい場合には、店の入りやすさ、店員の態度、価格、陳列などが観察項目の中心になります。あるいは、2つの喫茶店の客の滞在時間に差があり、その原因を知りたい場合には、店員の態度、店の雰囲気、清掃状態などが観察項目としてあげられます。

　このように、目的に応じて観察項目が異なってきます。目的をしっかり持ち、さまざまな仮説を考えることにより、調査実施期間、調査対象（調査実施地域・場所）、観察項目が明確になります。

　また、調査研究計画書の作成段階で分析計画をきちんと立てておくと、実際に分析を行う際、円滑に実施することが可能になります。

2) 観察シートの作成

　観察シートは実査をするときに持参し、評価や気づいた点を記入します。実査をするときは、買い物客や利用者として観察しなければなりません。そのためには、あらかじめ重点的に観察するポイントを明示しておきます。

3) 実査

　観察シートが完成したら、調査対象場所を訪れて調査を行います。観察シートにもとづいて、できるだけ客観的に評価します。実査の順番は、外から内、モノからヒトの順に行っていきます。特に店員の接客態度については、あらかじめ準備しておいた商品説明などのダミーの質問を使って、店員の対応を観察するような工夫をします。

4) 分析

　実査が終了したら、調査した結果を整理して分析します。結果を整理したらじっくり考察します。そして、考察するうえで情報が不足している場合は、文献や再調査などから必要な情報を追加します。

5) 調査報告書の作成

　調査報告書は、調査研究計画書の流れに沿って作成し、最後に分析結果と考察、今後の展望などを記載します。

図表4-2　ミステリーショッパーの流れ

```
1. 調査研究計画書の作成
   （仮説を立てる）
```
　　　　↓
```
2. 観察シートの作成
```
　　　　↓
```
3. 実査　・施設の概観評価
       ・店員の応対観察
       ・顧客になって店員と会話
       ・顧客の行動観察
       ・施設外で観察シートに記入
```
　　　　↓
```
4. 分析
```
　　　　↓
```
5. 調査報告書の作成
```

図表4-3　調査研究計画書の項目

- 背景
- 目的
- 仮説
- 方法
- 調査実施期間
- 調査対象（調査実施地域・場所）
- 観察項目
- 分析計画

4−3　調査研究計画書のチェックポイント

　この節では、ミステリーショッパーの調査研究計画書の作成に際して、大切なポイントについて解説します。

1）調査研究計画書をしっかり書いておく

　ミステリーショッパーに限ったことではありませんが、調査は目的を明確にし、調査内容、分析方法をあらかじめ計画しておくことが重要です。調査研究計画書の各項目の関連が明確になっていると、データ分析がスムーズに行え、レベルの高い調査報告書ができあがるからです。一方、目的が明確でないと、観察シートの作成や分析が十分にできません。

2）主となる観察項目を明確にしておく

　目的を明確にしたら、自ずと観察し評価する項目もある程度明確になります。調査研究計画書の作成段階では、観察項目を完全に具体化する必要はありません。しかし、調査目的や仮説に関連する主な観察項目は明らかにしておきます。そのためには、仮説の従属変数と独立変数が明確になっていることが大切です。

3）比較対象は同じ種類にする

　観察調査は、調査対象を複数設定し、比較することによって、より詳細に問題点を把握することができます。その際、比較対象を同じ種類にしておきます。たとえば、同じ小売店であっても、コンビニエンスストアとスーパーでは、事業活動の方針や社員教育、店舗面積など異なる要素が多いため、比較の対象にはなりにくいでしょう。

4）調査時間を合わせる

　ミステリーショッパーの観察対象は、店舗（施設）そのものやその店員（職員）であることが多いのですが、店舗（施設）を利用する人々の行動を観察することによっても、さまざまな気づきを与えてくれます。その際、調査日が平日なのか休日なのか、あるいは調査の時間帯が午前なのか午後なのか夕方

なのかによって、状況が変わってきます。ですから、観察対象を比較する場合は、曜日や時間帯を合わせる必要があります。

4-4 ミステリーショッパーの事例（商店街）

事例として、2種類の商店街を比較した調査の調査研究計画書を見てみましょう。テーマは、『地域資源活用型商店街』と『地域資源創造型商店街』の繁栄についてです。

---

(1) 背景
　戦後、全国に商店街が形成され、すべての日常的な買い物は商店街で済ませることができた。経済が発展するにしたがい、商店街は繁栄し、社会的なコミュニティの場としての役割を担ってきた。ところが、大型スーパーや郊外型ショッピングセンター等の台頭により、近年、商店街は衰退してきており、今や多くの商店街がシャッター通りと化している。
　しかし、衰退する商店街がある一方で、地域に根付き繁栄を続けている商店街もまた存在している。そのような商店街の繁栄の要因を調査することによって、衰退に悩む商店街の活性化に役立てることができる。

(2) 目的
　本研究の目的は、次の2点である。
　① 現在、繁栄している商店街を調査対象に取り上げ、繁栄の要因を明らかにする。
　② 分析結果から得られた知見にもとづいて、商店街の活性化プランを作成する。

(3) 仮説
　活性化している商店街は観光地に多く見られる。したがって、観光資源をうまく活用できている商店街が活性化していると想定できる。

(4) 方法
　本調査は、ミステリーショッパーの手法を用いる。既存の観光資源を活用している商店街と新たに観光資源を創り出している商店街に分けて活用状況を観察する。調査にあたっては、あらかじめ観察項目を設定して、調査対象を訪問して評価する。量的な評価とともに、具体的な状況をコメントし、質的な評価を行う。

(5) 調査実施期間
　日曜日の13時および平日の13時

① 商店街が最もにぎわう日曜日 13 時に実施。
② 来街者の比較等のため平日 13 時にも実施。

(6) 調査対象
　本調査では、すでに観光地化して繁栄している商店街を『地域資源活用型商店街』、観光名所を新たに創造し観光地化を目指している商店街を『地域資源創造型商店街』と定義し、それぞれ次の商店街を調査対象とする。

『地域資源活用型商店街』
　1. 伏見区商店街
　2. 錦市場商店街
『地域資源創造型商店街』
　3. 長浜大手門通り商店街
　4. 水木しげるロード周辺商店街

(7) 観察項目（全 30 項目）[1)]
・商店街全体(16 項目)
①商店街 MAP のわかりやすさ、②立地条件、③交通の便、④清潔さ、⑤音楽(BGM) の親しみやすさ、⑥観光地度、⑦ポイントカードのわかりやすさ、⑧イベントのわかりやすさ、⑨照明の明るさ、⑩地域交流度、⑪安全性、⑫休憩所・トイレのわかりやすさ、⑬商店街の景観、⑭商店街の雰囲気、⑮店の種類の豊富さ、⑯通りやすさ

・商店街内の各店(14 項目)
⑰清潔さ、⑱POP のわかりやすさ、⑲店の場所のわかりやすさ、⑳商品の品揃え、㉑客寄せの工夫、㉒各店の雰囲気、㉓各店の景観、㉔各店の照明の明るさ、㉕商品品質、㉖店員の接客度、㉗入りやすさ、㉘価格設定、㉙呼びかけ、㉚企業との提携

(8) 分析計画
　各項目について 5 段階の評価点で比較し、特に共通して評価の高い項目について考察する。また、コメントについて KJ 法[2)]を用いて整理し、要因を明らかにする。

1) 実際は、この段階では目的や仮説にしたがって主な観察項目のみあげておき、詳細な観察項目は観察シート作成時に充実させればよい。
2) 6-1 節参照。

> **ワークシート 4**　　観察調査の調査研究計画書を作ろう

次の項目を使って、観察調査の調査研究計画書を作ろう。

　　テーマ＿＿＿＿＿＿＿＿＿＿＿＿＿＿＿＿＿＿＿＿＿＿＿＿＿＿＿

1. 調査の背景

2. 調査の目的

3. 仮説

4. 調査方法

5. 調査実施期間

6. 調査対象

7. 観察項目

8. 分析計画

第5章

ミステリーショッパーの実施

本章では、ミステリーショッパーに使われる観察シートの作成について学習します。また、調査の実施にあたっての注意点について学びます。

KEYWORD
観察シート　観察項目

@キャンパス

武谷：前回は、ミステリーショッパーの調査研究計画書を作ったよね。観察対象の情報を収集していろいろな仮説をグループで考えてみたね。今回は、仮説をもとに観察シートを作成するんだね。

山下：私たちのテーマは「病院の待ち時間の改善」。橋本病院のウェブサイトを見てみたら、インターネットで診察の予約ができるようになっていたわ。自分の待ち時間がわかる仕組みができていた。母親に聞いたら、この病院はかなり評判がよくて患者が増えているらしいわよ。

本丸：お年寄りにインターネットは難しいんじゃないかな。その辺はどうなっているんだろう。私たちのグループは「スターボックスの人気」がテーマ。従来の喫茶店と比較する。コーヒー豆にもこだわっていると思うけれど、いやしやホスピタリティを重視しているってことは、接客や店の雰囲気も大事にしていると思うわ。他にも調度品、照明、音楽など雰囲気も要チェックね。

武谷：サイドメニューなんかもチェックしたら面白いかもね。

施設や店舗が運営されている経営理念や方針などを調べて、うまく展開されているか確認してみることも大切です。特に、利用客の様子もチェックしましょう。ただし、店舗観察調査を実施する際は、お店や利用客の迷惑にならないよう注意しましょう。

白部先生

5−1　ミステリーショッパーの観察項目の設定

調査研究計画書にもとづいて、観察項目を具体的に考えていきます。

1) ブレーンストーミング

まず、ブレーンストーミングを行って、観察するポイントをあげていきます。

考える順番としては、全体的に何を観察するのか、大項目(外観、付属設備、内装、設備、店員など)をあげ、モレやダブリをなくします。その後、小項目として、大項目の一つ一つの構成要素を分解する(外観→店舗回りの状況、入口のわかりやすさなど)と効率的です。

なお、グループでブレーンストーミングを行う場合は、①自由奔放なアイデア、②批判厳禁、③質より量、④他者のアイデアから連想・発展、の4つの点が重要です。

2) 仮説との整合性

次に、特に調査目的に合致している項目や、仮説を検証するために必要な項目をピックアップします。

たとえば、世界規模で店舗展開している外資系のカフェ「スターボックス(=架空)」の企業理念は「上質なくつろぎの空間を演出」です。一方、関西地域で人気の「珈琲ハウス(=架空)」の企業理念は「1杯のコーヒーに真心を」です。この2つの店の違いは何でしょうか。「珈琲ハウス」はコーヒーそのものにこだわっています。一方「スターボックス」は、コーヒーのおいしさはもちろんでしょうが、コーヒーを味わう最適な空間や雰囲気という要素も重視しているのです。

これらのことから、「スターボックスは、コーヒーそのものという本質的な価値に、雰囲気という付加価値をプラスすることによって顧客の満足度を高めている」という仮説が考えられます。

上記の仮説を検証するための調査項目としては、コーヒーのメニュー、豆の産地、淹れ方などに関する店員の知識などがあげられます。また、内装をはじめとした店内の雰囲気を、観察すべき項目として含めることが重要です。

このように、仮説に応じて観察項目を検討することが大切です。

5-2 観察シートの作成と実査

本節では、実際に観察シートを作成します。また、実査時の注意点にも触れていきます。まず、観察項目を外部と内部に分けて考えてみましょう。

1) 観察項目の作成
(i) 外部の観察項目

外部の観察項目としては、施設の外観、看板などの付属設備、駐車場などがあります。施設の外観や看板は、はじめてその店舗を利用する顧客にとっては入りやすさを左右する重要な要素になります。チェーン店の場合はどの店も同じような外観や看板ですが、視認性、清掃状況、装飾等については比較可能です。また、駐車場については自動車の出入りのしやすさ、駐車場を利用する顧客の行動や安全性などをチェックします。さらに、駐車場が混雑しているときの顧客の行動などもチェックします。

(ii) 内部の観察項目

内部の観察項目については、内装(インテリア)の状態、通路幅、商品の陳列状況、POP、床、トイレ、階段などがあります。清掃状況に加え、顧客にとって利用しやすくなっているかどうか、五感を働かせるつもりで入念にチェック項目を検討します。

店員については、服装、清潔感、商品・サービスに関する知識、応対などがチェックする項目としてあげられます。

また、顧客の購買行動に関する観察も重要です。スーパーマーケットなどの場合、客数、滞在時間、商品をカゴやカートに入れる時間や量などを測定することにより、利用しやすい店舗なのかどうかをチェックすることが可能です。その他の施設などの場合は、表示板が機能せず迷っている人がいないか、安全に利用できているかなどを確認することが可能です。こうした項目を含めるように検討します。

さらに、その店舗・施設の理念(コンセプト)や使命(ミッション)がホームページやパンフレットなどで入手可能な場合は、その理念や使命が具体的に施設や店員などの行動や接客などに表れているか、チェックします。

2) 評価の仕方

　ミステリーショッパーの実査における評価は、通常、観察項目ごとに、評価コメントと評価得点を用います。そのため、観察シートにコメントと評価得点の記入欄を設けておきます。

　評価得点は補助的な役割として活用します。評価得点を用いることによって、観察対象の優れている点は何なのか、あるいは改善すべき点は何なのかが明確になります。

　しかし、観察調査の主要な目的は定性情報を得ることです。したがって、コメント欄には、良い悪いの理由とともに、観察を通して気づいたことをしっかり書きとめることが重要です。

3) 相手にわからないようにする

　観察対象が店舗である場合には、従業員や顧客の通常の状態を観察しなければ意味がありません。そのために、相手にわからないように行動することが重要です。従業員と会話をするときも、調査であることを悟られないよう十分に留意することが必要です。

　観察シートを作成したら、調査研究計画書にしたがって実査を行います。

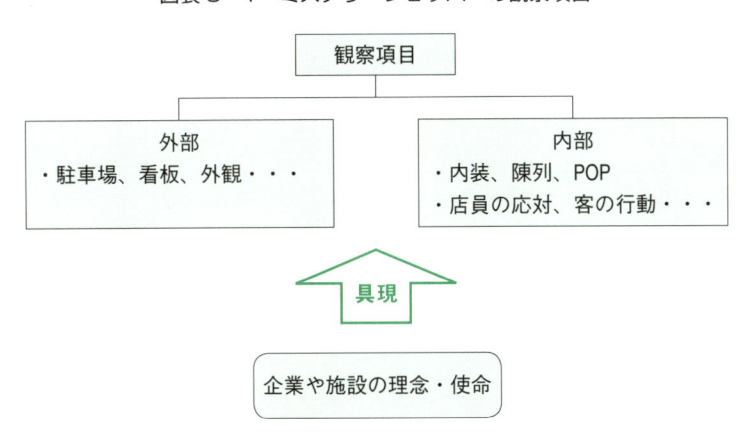

図表5−1　ミステリーショッパーの観察項目

```
                    観察項目
            ┌─────────┴─────────┐
         外部                    内部
    ・駐車場、看板、外観・・・   ・内装、陳列、POP
                                ・店員の応対、客の行動・・・

                    ↑ 具現

            企業や施設の理念・使命
```

第5章　ミステリーショッパーの実施　　45

ワークシート 5　観察シートを作ってミステリーショッパーを実施しよう

下のテンプレートを参考にして、Excel でオリジナル観察シートを作ろう。
※罫線は後回しにして、観察項目から入力していこう。

店舗観察シート			店名： 氏名：	実施日： グループ名：	
			観察項目	評価 100点満点	コメント（理由）
外部	店舗に入る前	1			
		2			
		3			
内部	備品類	1			
		2			
		3			
	レイアウト・インテリア	1			
		2			
		3			
	陳列	1			
		2			
		3			
	安売り	1			
		2			
		3			
	店員	1			
		2			
		3			
	レジ対応	1			
		2			
		3			
	そうじ	1			
		2			
		3			
外部	駐車場	1			
		2			
		3			
	自由作成	1			
		2			
		3			
		4			
		5			

総合評価

第6章

観察調査結果の分析と報告

本章では、ミステリーショッパーの分析方法について学習します。また、発表資料の作成について学びます。

KEYWORD

KJ法　プレゼンテーション

@キャンパス

武谷　ミステリーショッパーはうまくいったかな。

本丸　思ったより楽しかったわ。でも、観察した後すぐにメモを書かずにいたら忘れてしまって、もう一度確認のために、スターボックスに行くことになったわ。今度はすぐにシートに記入した。

山下　時間帯や曜日によって、違うってことがよくわかった。他の施設も調べたくなったわ。

本丸　知的好奇心が旺盛ね。ところで、数値のデータは平均点とか、何となくわかるけど、文書で書いたデータはどのようにしたらいいのかな。

武谷　みんなが感じたことはそれぞれ違うと思う。グループの中でまとめ方について話し合おう。

観察調査は定性情報の収集が基本です。評価の集計は補完するものとして利用しましょう。観察した定性情報をまとめるには、似た者同士を集めて分類しておくと新たな発見があるかもしれません。

白部先生

6-1 調査データを分析する

実査が終了したら、分析計画にもとづいて調査データを分析します。

1) KJ法の活用

評価コメントのまとめ方については、KJ法を活用することをおすすめします。特に、グループで調査を行った場合には有効な方法です。KJ法とは、文化人類学者の川喜田二郎が考案した発想法の1つです。あるテーマに関するアイデアをブレーンストーミングで拡散的に発想し、その後、本質的に似ているアイデアを幾通りも自由に組み合わせ、それらの共通要素を抽出し、新しいアイデアに発展させながら整理していく手法です。

このKJ法を利用して、観察調査の結果得られた定性データから共通要素を導き出し、定性情報として整理します。

個人で実施した場合は、仮説にもとづいたストーリーを考えて分析していくとよいでしょう。定性情報分析では、分析していくうちに仮説が生まれ、その検証のためにあらためてデータを読み返すことも起こりえます。このように、試行錯誤しながら知見を見つけ出すようにしましょう。また、調査対象やその業界について、ウェブサイトや文献などからその項目に関する情報を収集してみると、新しい発見があるかもしれません。

必要に応じて調査対象を再度観察したり、インタビュー調査を実施したりする場合もあります。

2) 評価得点の集計・分析

評価得点を取った場合は、まず評価得点をグラフに表現するところから始めます。グラフは数値の比較なので棒グラフが望ましいでしょう。グループで同一店舗・施設を調査した場合は、メンバー全員のデータを入力してグラフ化したり、平均値や標準偏差を算出したりして比較してみましょう。もし、調査員（メンバー）によってばらつきの大きい観察項目がある場合には、なぜそのようなばらつきがでたのか、各評価者の視点について議論しておきます。その際、調査員の印象を大事にするため、評価得点の修正は行いません。

観察調査は定性情報の収集を目的にしています。したがって、評価得点

はあくまでも目安として活用し、調査員が記録した評価コメントなどの定性データを中心に分析することが重要です。

図表6-1　分析のフローチャート

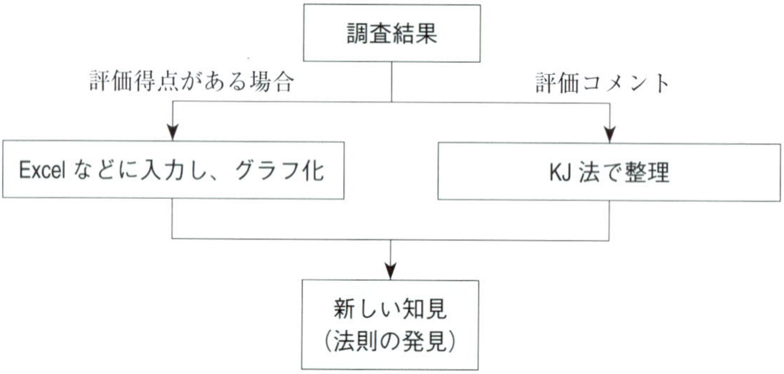

```
         調査結果
  評価得点がある場合    評価コメント
Excelなどに入力し、グラフ化    KJ法で整理
              ↓
          新しい知見
         （法則の発見）
```

6-2　発表資料にまとめる

分析が完了したら、分析結果を発表資料にまとめます。本格的な報告書のまとめ方は12章を参照してください。本節では、MS-PowerPointを用いた発表資料の作成方法について説明します。

1) PowerPointを用いた発表資料のまとめ方

PowerPointは、プレゼンテーションを行う際の発表資料を作成するソフトウェアです。あくまでも補助的な視覚資料であると割り切り、ポイントだけを記載するようにします。調査研究計画書の内容をすべて詳細に記載すると、聴き手は資料を読むことに集中してしまい、話を半分しか聞いてもらえなくなる恐れがあります。プレゼンテーションの技法は専門書が多数出ているので参考にしましょう。

2) スライドの構成

ここでは、基本的なスライドの構成について説明します。冒頭は、調査研究計画書で記載した内容を中心に構成するとよいでしょう。

調査研究計画書の内容のうち、調査対象に関するスライドには、店舗名や施設名の他、場所、規模、創業年（設立年）などの基礎的な情報を記載します。さらに、店舗、施設もしくは企業の理念・使命・目的、経営成績、財政状態など詳細な情報を収集して記載します。

　次に、調査結果にもとづいてスライドを追加していきます。スライドの構成順序はさまざまですが、ビジネスの分野では、結論のスライドを先に配置することが多く見られます。最も伝えたいことを先に報告することによって、聴き手に強いインパクトを与えることができます。聴き手にとっては、話し手の主張を踏まえたうえで残りの詳細な説明を聞けるので、理解がしやすくなります。

　続いて、詳細な分析結果をまとめていきます。評価得点を採用した場合は、グラフなどを用いることにより聴き手に言いたいことを視覚的に伝えます。ここでは、観察項目別に各地点を比較したグラフや、観察項目を地点別に分析したグラフを用います。さらに、それぞれのグラフから得られる知見をコメントとして記載します。グラフとコメントを同じスライドに記載すると、聴き手も理解しやすくなります。

　最後にまとめのスライドを作成します。まとめのスライドには再度結論を載せたうえで、提案や今後の展望を書きます。まとめのスライドは複数枚にわたっても構いませんが、簡潔にしましょう。また、付録として参考文献を掲載しておきましょう。

　このように、ビジネスの分野では、「結論（総論）」－「各論」－「結論＋提案」で構成するとよいでしょう。一方、学術発表や研究会での発表では、「各論」－「結論」の順で説明するように構成します。

6-3　ミステリーショッパーの発表資料の事例（京都）

　一例として、京都の観光地に関するミステリーショッパーの報告書を示します。

図表6-1　京都観光地に関する発表資料

京都観光地に関する 観察調査報告書 メンバー：　　本丸優子 　　　　　　　杉原真理 　　　　　　　松下和美 1	京都市について ● 概要：有名な神社仏閣が点在する観光都市。休日は観光客でにぎわい、外国人観光客も多数訪れている。 ● 人口：約147万人、面積：約828 km^2 　外国人宿泊客数$^※$：515.4千人（うち、アジア50.4％、ヨーロッパ19.8％、北アメリカ16.6％） ※「平成23年京都観光総合調査」より　　2
背景 ● 市街地系観光スポットは、 　・休日、人通り・交通量が多い 　・観光スポットが分散している 　・建物、施設が老朽化 →安全に観光できるか、困る場面がないか。 3	目的 ● 市街地系の観光スポットについて、観光客（特に外国人）の目線で改善点を指摘する。 4
仮説 ● 通路が狭く人通りが多い観光スポットは、観光しにくく、特に外国人は敬遠するのではないか。 5	調査方法 ● ミステリーショッパー ● あらかじめ調査項目を設定し、現地調査 ● 評価：評価得点＋コメント 6
実施期間および対象 ● 調査期間 　・2013年11月23日（土・祝） 　　・錦市場　　13時 　　・三年坂　　15時 ※休日午後の最も客数の多い時間帯 7	調査項目 ● みやげ屋のPOPおよび品揃え ● 道路の安全性および歩きやすさ ● 建物等の状況 8

分析計画	結果1－錦市場
● 調査結果を評価得点で比較する。また、調査員が気づいた点を、KJ法を用いて整理する。 ● 各観光ポイントの、良い点、改善点を明確にする。	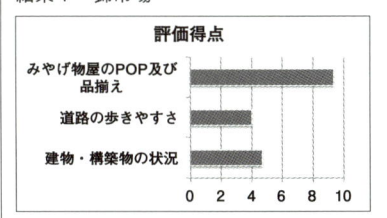 **評価得点** みやげ物屋のPOP及び品揃え／道路の歩きやすさ／建物・構築物の状況　0 2 4 6 8 10 1. 試食を提供している店が多い。食べ歩きができるように工夫した商品もある。 2. 路地が狭く、通行人がとても多く感じる。 3. 内装等は店により様々。老朽感はない。
9	10
結果2－三年坂	まとめ―改善の提案―
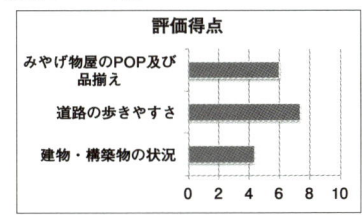 **評価得点** みやげ物屋のPOP及び品揃え／道路の歩きやすさ／建物・構築物の状況　0 2 4 6 8 10 1. みやげ物屋が多数ある。 2. 道が狭く坂や階段で人が多いと危険を感じる。外国人観光客が多数。 3. 古い建物が多いが危険は感じない。	1. 外国人向けのPOP（特に中国語）を増やした方がよい。 2. 休日などの観光客の多い日は、一方通行を検討してはどうか。
11	12

6-4　プレゼンテーションの準備

　PowerPointの発表用資料が完成したら、読み原稿を作成します。これは、発表する文言をいったんすべて文章に起こしておく作業です。読み原稿作成の効果としては、次の3点があげられます。

　1）論理チェック：自分の主張が正しく論理的に伝わるかどうか確認できる。
　2）時間チェック：定められた時間内で発表できるかどうかが確認できる。
　3）文言チェック：話しにくい文言をチェックでき、別の言葉に言い換えておくことができる。

読み原稿の分量は、1スライドあたり1分＝約250字を目安にします（分量については、学習技術研究会編『知へのステップ――大学生からのスタディ・スキルズ』（くろしお出版）第11章参照）。読み原稿は、あくまでも発表準備のためのものです。実際の発表では、読み原稿を見ずに発表できるように練習しましょう。

　実際の発表時には、自分自身の手持ち用として、発表用資料そのものに書き込みをしておくと便利です（図表6-2参照）。プレゼンテーションの基本型として活用してください。

図表6-2　手持ち用発表資料（基本型）

それでは、発表を始めます。テーマは京都観光地に関する観察調査です。 私は、○○（所属）の、 　本丸優子 　杉原真理 　松下和美　です。 よろしくお願いします。　　　　1	まず、京都市の概要について説明します。 ● 概要：有名な神社仏閣が点在する観光都市。休日は観光客でにぎわい、外国人観光客も多数訪れている。 ● 人口：約147万人、面積：約828 km² 　外国人宿泊客数※：515.4千人（うち、アジア50.4%、ヨーロッパ19.8%、北アメリカ16.6%） ※「平成23年京都観光総合調査」より　　2
このテーマを選んだ背景には、 ● 市街地系観光スポットは、 　・休日、人通り・交通量が多い 　・観光スポットが分散している 　・建物、施設が老朽化 →安全に観光できるか、困る場面がないか。 といった問題が考えられます。　　3	そこで、この調査では、 ● 市街地系の観光スポットについて、観光客（特に外国人）の目線で改善点を指摘する。 ことを目的としています。　　　　4
まず、私たちは、 ● 通路が狭く人通りが多い観光スポットは、観光しにくく、特に外国人は敬遠するのではないか。 という仮説を考えました。　　　　5	そして、次のような方法で仮説を検証しました。 調査方法 ● ミステリーショッパー ● あらかじめ調査項目を設定し、現地調査 ● 評価：評価得点＋コメント 　　　　6

次に、調査の概要について説明します。
実施期間および対象
● 調査期間
　・2013 年 11 月 23 日(土・祝)
　　・錦市場　　13 時
　　・三年坂　　15 時
※ 休日午後の最も客数の多い時間帯

調査項目
● みやげ屋の POP および品揃え
● 道路の安全性および歩きやすさ
● 建物等の状況

分析計画
● 調査結果を評価得点で比較する。また、調査員が気づいた点を、KJ 法を用いて整理する。
● 各観光ポイントの、良い点、改善点を明確にする。

調査結果は、次のとおりです。
まず錦市場については、
結果 1 －錦市場

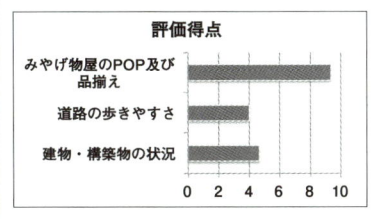

評価得点
みやげ物屋のPOP及び品揃え
道路の歩きやすさ
建物・構築物の状況
0　2　4　6　8　10

1. 試食を提供している店が多い。食べ歩きができるように工夫した商品もある。
2. 路地が狭く、通行人がとても多く感じる。
3. 内装等は店により様々。老朽感はない。

次に、三年坂については、
結果 2 －三年坂

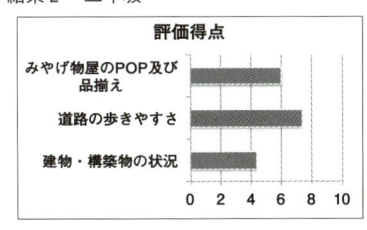

評価得点
みやげ物屋のPOP及び品揃え
道路の歩きやすさ
建物・構築物の状況
0　2　4　6　8　10

1. みやげ物屋が多数ある。
2. 道が狭く坂や階段で人が多いと危険を感じる。外国人観光客が多数。
3. 古い建物が多いが危険は感じない。

まとめ―改善の提案―
1. 外国人向けの POP(特に中国語)を増やした方がよい。
2. 休日などの観光客の多い日は、一方通行を検討してはどうか。

以上で発表を終わります。
ご静聴、ありがとうございました。

ワークシート6　ミステリーショッパーの結果をまとめよう

図表6-1を参考にして、ミステリーショッパーの発表資料スライドの骨子を作ろう。

スライド1	スライド2
スライド3	スライド4
スライド5	スライド6
スライド7	スライド8
スライド9	スライド10
スライド11	スライド12

第7章

インタビュー調査

> インタビューは、事実の深層や本質を知るうえで有効な方法です。そのためには周到な準備か必要です。本章では、インタビューの種類、準備、実施する際の留意点を学習します。

KEYWORD
インタビューの種類　インタビュースクリプト

@キャンパス

武谷:ミステリーショッパーの発表は、調査の視点がユニークなものがあって面白かったね。

本丸:同じ店舗でも、観察する目的が違うといろいろな考察ができるのね。単に外観や商品だけでなくて、店員や顧客の行動を見ることが大事だってことがわかったわ。

山下:でも、観察だけじゃ物足りなかったわ。じっくり観察すると、聞いて確かめてみたいと思うことがいくつか出てきたの。

武谷:今日から、インタビュー調査がテーマだよ。

本丸:インタビュー調査って、どんなルールがあるんだろう。

インタビュー調査は、アンケートなどの量的なデータでは得られない、調査対象者のより詳細な情報を得たいときに有用です。ここでは、インタビュー調査の基本的な手順と注意点について学びます。

白部先生

7-1　インタビュー調査の流れとポイント

3章で述べたように、インタビューにはいくつかの種類があります。本章では、個人へのインタビューについて解説します。

1) 調査研究計画書の作成

インタビュー調査を実施する場合も、他の調査と同様に調査研究計画書の作成が必要です。インタビューだからといって、話を聞きに行けばいいと計画も立てずに実施することは、意味のないデータを収集することになりかねません。また、調査に協力してくれるインタビュー対象者に対しても大変失礼な態度にあたります。インタビュー対象者に協力を依頼するにあたってはアカウンタビリティー（説明責任）がともないます。インタビュー対象者が納得できるように、調査の目的などをしっかり設定して準備しましょう。

2) 調査の背景と目的

調査の企画にあたっては、まず、この調査を実施する背景や目的を明らかにしましょう。次の事例は、実際に行った「老舗（しにせ）企業」の経営者に対するインタビュー調査の背景や目的を考える際の手順です。

≪背景や目的を考える際の手順の例≫

- 新規に創業した企業や中小企業の倒産が相次いでおり、社会問題になっている。
  ↓
- 日本社会はバブル崩壊後、廃業率が創業率を上回る傾向が続いている。
  ↓
- これは、他の先進国に見られない深刻な傾向である。
  ↓
- 一方で、老舗と呼ばれる企業は、100年以上も存続している。
  ↓
- 老舗企業には、存続するための経営の知恵があるはずだ。
  ↓
- 存続の要因を探ることで、日本の企業経営に貢献できるのではないか。
  ↓
- 存続するための経営の知恵を明らかにするために、老舗企業の経営者へのインタビュー調査が必要だ。

このプロセスを調査研究計画書のポイントとして整理すると、次のようになります。

> 1. 調査の背景　廃業率と創業率が逆転し、短い期間で企業の倒産が相次いでいる。
> 2. 調査の目的　老舗企業の経営の知恵（存続要因）を明らかにする。
>   また、本調査の知見は次のような効用が考えられる。
>   1）明らかにした存続要因を企業が活用することで、長期経営へ転換できる。
>   2）雇用の確保や新規創業の増加により、社会の活性化につながる。
> 3. 調査方法　インタビュー調査

3）仮説の設定

　仮説の設定にあたっては、できる限り先行研究を調べて、これまでにどのような調査が行われ、また、どのような知見が得られたのかを把握しておくことが大切です。たとえば、先の例の場合、次のような先行研究の知見があります。

≪先行研究の知見≫　| 老舗企業は、顧客を大切にしている。

　こうした先行研究の知見を仮説として、別の角度から独自に検証してみることも可能です。たとえば、先行事例とは違った地域で行ったり老舗企業の定義を変えたりすることによって、先行研究の知見の信頼性や妥当性を検証することができます。さらに、老舗企業が顧客を大切にするのは、長期的な関係を重視しているからという独自の仮説を設定することもできます。この仮説を調査によって検証できれば、新たな知見を発見することができます。

≪仮説≫　| 老舗企業は、顧客との長期的な関係を重視している。

　このように、論理的な展開で独自の仮説を立ててみることは、研究を深めることになるのです。

4）インタビュー対象者の決定

　仮説の設定の内容によっては、インタビューの対象となる人も異なって

きます。先の例の場合、独立変数を「企業の存続年数」、従属変数を「顧客との長期的関係の重視度」として調査を行うことになります。老舗企業を「100年以上存続している企業」と定義して仮説と変数を整理すると、図表7－1－1のような構造となります。

図表7－1－1　変数と仮説

独立変数：企業の存続年数　　　従属変数：顧客との長期的関係の重視度

| 老舗企業（創業100年以上） | ➡ | 顧客との長期的な関係の重視度が高い |
| 一般企業（創業100年未満） | ➡ | 顧客との長期的な関係の重視度が低い |

以上の過程を、次のように調査研究計画書に整理することができます。

```
4. 仮説　老舗企業は、顧客との長期的な関係を重視している
5. インタビュー対象者　老舗企業（創業100年以上）の経営者
                    一般企業（創業100年未満）の経営者
```

5）インタビュー対象者数、対象者の選定方法、調査時期等の決定

その他には、インタビュー対象者の数や選定方法、調査時期などを決定します。これは、与えられた条件によって違ってきます。インタビュー対象者数を多くすると費用も多くかかります。また、調査者が1人で行うか、数名で行うか、調査会社に依頼するかなどで期間や費用は大きく変わってきます。また、調査者が学生ならレポートの発表時期、企業なら経営者の意思決定の時期などを考慮したうえで、調査の日時を決めなければなりません。まずは、分析に必要なインタビュー対象者数を決めて、費用や調査期間などを調整し、バランスのよい計画を立てるとよいでしょう。

また、インタビュー対象者の選定にあたっては、条件が決まっているような場合、名簿などのリストがなければ調査を実施することができません。この点もあらかじめ考慮しておくことが大切です。もっとも、大学生が研究でインタビューを実施するような場合、対象者が20歳代の大学生などの条件なら、リストがなくても知人等に紹介してもらうことは可能でしょう。

ここまでのプロセスを整理すると、図表7－1－2のような調査研究計画書を作成することができます。

図表 7−1−2　調査研究計画書

老舗企業の経営に関する調査研究計画書

1. 背景

　　現代の日本社会では、新規に創業した企業や中小企業の倒産が相次いでおり、社会問題になっている。日本社会はバブル崩壊後、廃業率が創業率を上回る傾向が続いており、他の先進国に見られない傾向である。経済の活性化のためには憂慮すべき課題である。一方、100年以上も存続している老舗企業が5万社[※]も存在している。老舗企業の数の多さは、世界でも類を見ない我が国の特徴である。（※ 横澤利昌編著『老舗企業の研究（改訂新版）』生産性出版2012 より）

2. 調査の目的

　　老舗企業が長期に存続しているのは、独自の企業経営の要因があると思われる。先行研究では、社是や家訓などの効用が企業存続に影響を与えているといった知見が示されている。本研究では、今までに明らかにされていない存続要因について新たな知見を得ることを目的にしている。存続要因を明らかにし中小企業の経営に活用することで、その企業の長期存続が期待でき、ひいては、雇用の確保、創業企業の増加や活性化につながると考えられる。

3. 調査方法　　　　インタビュー調査

4. 質問形式　　　　半構造化質問

5. 主な仮説　　　　老舗企業は、顧客との長期的な関係を重視している

6. 調査対象者　　　老舗企業（創業100年以上）の経営者
　　　　　　　　　 一般企業（創業100年未満）の経営者

7. 調査対象者数　　老舗企業（創業100年以上）の経営者＝10名
　　　　　　　　　 一般企業（創業100年未満）の経営者＝10名

8. 調査対象者抽出　「日経会社年鑑」から該当企業の経営者を抽出
　　　　　　　　　 関西エリアから各10名を無作為に抽出
　　　　　　　　　 予備サンプルとして各10社を抽出

9. 調査期間　　　　2014年4月

10. 主な調査項目　　1) 企業の沿革（歴史）、現在の経営状況
　　　　　　　　　　2) 家訓や社是の有無と内容
　　　　　　　　　　3) 顧客に対する考え方、体制
　　　　　　　　　　4) 今後の経営展望　　　など

11. 分析方法　　　　KJ法による老舗企業の存続要因の類型化
　　　　　　　　　　一般企業と比較して、老舗企業特性を明確化する

7−2　インタビュー調査の流れ

調査研究計画書が完成したら、実査のステップに移行します。

1)　依頼状の発送と調査日時の調整

インタビュー対象者が決定したら、調査協力のために依頼状を発送します。調査を急ぐ場合は、電話やFAX、電子メールで依頼してもよいでしょう。会社などへ依頼する場合は、会社の広報部などを通して連絡するのが一般的です。

次の項目は、必ず依頼事項に含めます。

```
(i)   調査の趣旨
(ii)  主な調査の内容
(iii) 希望する調査日時
(iv)  問い合わせ連絡先
```

調査の趣旨と内容は、調査研究計画書にもとづいて記載します。調査の内容は、過去(沿革)、現在(本題)、未来(今後)を基準にして、主要となる項目のみを記載すればよいでしょう。企業の沿革や財務内容などについては、資料を用意してもらえる場合もあります。

希望する調査日時は、候補日を複数設定しておくと調整しやすいでしょう。電話による依頼は、依頼と同時に調査日時の調整が可能ですから、最もスムーズに行えます。

相手の連絡先がわからない場合は、依頼状にFAXや電子メールで連絡してもらうように記載しておくと効率的です。

2)　インタビューの実施と記録

調査の日時が決まれば、インタビュー対象者が指定する場所に訪問することになります。遅刻は厳禁です。時間に余裕を持って出かけるようにしましょう。また、服装もTPOに応じた配慮が必要です。名刺を用意しておくとよいでしょう。送付した依頼状を持参しておくと、話のきっかけに役立ちます。

インタビューにあたっては、まず、礼を述べ、自己紹介をします。その

後、調査の趣旨を説明し、身近な話題や話しやすい内容から始めます。インタビューは依頼状に記した調査内容に沿って行い、必要に応じて、より詳細に質問してみるとよいでしょう。重要な内容については、言い換えて聞き直すなどの方法により確認するとよいでしょう。

インタビュー内容は、B5 か A4 のノートでメモをとることが基本です。メモ帳などは不適切です。その他の記録媒体としては、事前に許可をもらえればボイスレコーダーが利用できます。ただし、ボイスレコーダーで記録されると、本音を話しにくいことがありますから注意しましょう。また、カメラやビデオも有効なデータ収集のツールです。入手できない資料などの提示があった場合は、許可を得られたら撮影することができますし、店舗や会社の外観などの視覚的なデータも役に立ちます。

3）調査時間と謝礼

調査の時間は、相手の都合を考慮すると、一般的には 1 時間以内が目安です。

謝礼は必要に応じて準備します。ビジネスで、専門家や有識者にインタビューする場合には、報酬が必要になります。

調査の趣旨や目的が、調査時間や謝礼にも影響を与えることになるので、事前にしっかりと調査対象者に説明しておくことが大切です。

4）データの整理と分析

調査が終了したら、なるべく早く記録したノートを整理することが、何より重要です。ボイスレコーダーに頼って整理を後回しにすると、膨大な時間のロスにつながります。少なくとも 1 日の終わりには整理しておきましょう。

定性データの整理・分析方法は、KJ 法などのカードを活用する方法があります。また、定性データを分類し、語句を段階的に言い換えてコーディングしていく方法や、数値に置き換えて数量的な分析を行う方法もあります。

その他、最近ではコンピュータの計算能力の進化により、テキストマイニングという方法も用いられています。文章データを単語や文節で区切るなどの処理をした後で、出現の頻度や出現傾向などを解析するプログラムが開発されています。

図表 7-2　インタビュー調査の流れ

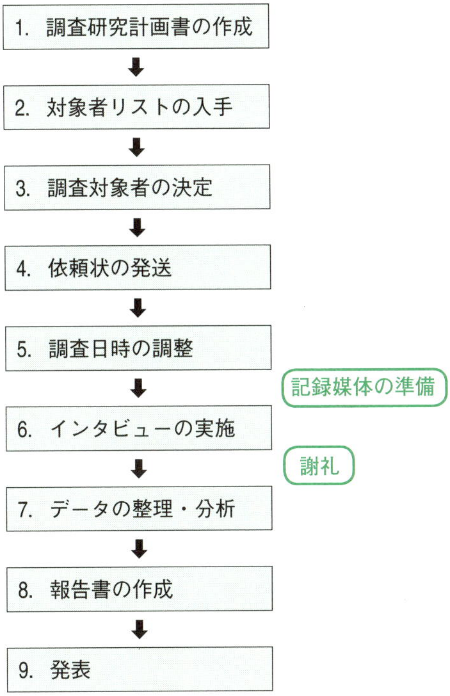

1. 調査研究計画書の作成
   ↓
2. 対象者リストの入手
   ↓
3. 調査対象者の決定
   ↓
4. 依頼状の発送
   ↓
5. 調査日時の調整
   ↓　　　　　　　　　記録媒体の準備
6. インタビューの実施
   ↓　　　　　　　　　謝礼
7. データの整理・分析
   ↓
8. 報告書の作成
   ↓
9. 発表

図表 7-3　インタビュー調査の依頼状の例

株式会社　A 本舗
広報ご担当者　様

経営に関するインタビュー調査ご協力のお願い

拝啓
　初春の候、貴社におかれましては、ますますご清祥のこととお慶び申し上げます。
　現在わたくしは、老舗企業の生命力について研究しています。現代の日本社会では、中小企業の倒産が相次いでおり、大きな社会問題になっています。会社の寿命は 30 年ともいわれている中で、100 年以上にわたり順調に経営しつづけている企業も多数あります。このように老舗企業が長期に存続されているのは、独自の要因があるのではないかと考えております。
　そこで、老舗企業の経営者の皆様に、マネジメントについての考え方などについてお聞きしたく、インタビュー調査の実施を企画いたしました。つきましては、ご多用のところ誠に恐縮ですが、調査の趣旨をおくみとりいただき、お時間をいただきますようお願い申し上げます。

敬具

2014 年 3 月

＜お問い合わせ先＞
蓮浦大学経営学部経営心理学科 3 年
茨城県蓮浦市赤山 1 － 23
武谷　由紀夫
tel/fax: 078-9123-4567
e-mail: take-yuki@hasuura-u.ac.jp

1. 主な調査項目
　　1) 企業の沿革 (歴史)、現在の経営状況
　　2) 家訓や社是の有無と内容
　　3) マネジメントに対する考え方、体制
　　4) 今後の経営展望　　など

2. 調査日時
　　いずれかに○をつけてください。
　　① 4 月 11 日　13 時～　　② 4 月 15 日　13 時～　　③ 4 月 18 日　13 時～
　　その他に都合のいい日時があればお書きください。(　　　日　　　時)

3. ご担当者様の連絡先
　　お名前
　　電話番号
　　e-mail

ワークシート 7　インタビュー調査をやってみよう

　売り上げが低迷している"Aレストラン"のマネージャーをしているあなたは、改善を図るために利用者へのインタビュー調査を実施することにした。(Aレストラン：インタビュー対象者が利用している店舗(学食・社食など)を、具体的に設定しよう。)

1. 質問を10問作成し、インタビュー調査を実施しよう。

質　問	回　答

2. インタビューの結果から、改善案を提案しよう。

> **コラム 2**　ニューギニアからシカゴギャング、ショッピングまで

　観察調査、参与観察調査といった手法を主に用いて研究する学問分野の代表格は、文化人類学や民族学です。参与観察の最も有名な古典としてあげられるのが、イギリスの人類学者ブロニスワフ・マリノフスキ（写真中央: Bronisław Malinowski 1884～1942）によって、1922年に出版された『西太平洋の遠洋航海者（*Argonauts of the Western Pacific*）』でしょう。彼は、3年ほどの年月をかけてニューギニア諸島住民と生活を共にし、彼らの生活や風習を克明に描き出し、社会の構造を明らかにしました。

　フランスの社会人類学者、クロード・レヴィ＝ストロース（Claude Lévi-Strauss 1908～2009）は、1955年に『悲しき南回帰線（*Tristes Tropiques*）』を著しました。特に、アマゾン支流の未開社会の分析が高く評価され、人類学の代表的な古典として今も多くの人々に読まれています。西太平洋諸島の遠洋航海者の副題は、「メラネシアニューギニア島嶼における先住民の事業と冒険の一記録」となっています。文化人類学はなんともロマンがある学問のように思えます。

　一方、社会学では、参与観察によってギャング集団の社会構造を明らかにした『ストリート・コーナー・ソサエティ（*Street Corner Society*）』を、観察調査の古典として真っ先にあげることができます。アメリカの社会学者ウィリアム・ホワイト（William Whyte 1914～2000）によって1943年に出版されました。ボストンにあるコーナービルというスラム地区の街角にたむろする、イタリア人系移民の非行青少年集団の一員として、綿密な観察調査を行ったものです。

　このような観察調査は、学問分野の不可欠な調査手法であり、本文にあるようなミステリーショッパーなどは、マーケティングリサーチの分野で注目を集めています。この分野で先駆的役割を果たしたのが、アメリカを代表する顧客行動調査の専門会社エンバイロセルの創業者であり、元文化人類学者のパコ・

アンダーヒル(Paco Underhill)です。彼は、文化人類学者の研究手法を利用してショッピング環境での人々の行動を分析し、コンサルティングで成功を収めています。大ベストセラーになった彼の著書『なぜこの店で買ってしまうのか (*Why We Buy*)』の副題「ショッピングの科学(*The Science of Shopping*)」にもなっている分野の開拓者と評価されています。

　ところで、マリノフスキも述べているように、観察調査などの手法は、個人の持っている知識や価値観が記述を左右する可能性をはらんでいます。「観察の理論負荷性(theory-ladennes)」といわれるもので、調査活動全般にあてはまることです。反面、知識がなければ、観察から見いだせないものもあるという側面を持っています。私たちもこのことを十分意識しておく必要があります。

第8章

質問紙調査の基礎

本章では、定量情報を得る手法として、質問紙調査の基本を学習します。特に、質問紙調査の設計や研究計画書の作成にあたっての留意点について学びます。

KEYWORD

調査研究計画書　サンプリング方法

@キャンパス

武谷: 前回までは、主に定性的なデータを収集したりまとめたりする方法を学習したね。

山下: インタビュー調査で、施設の責任のある人に話を聞くのはいいけれど、お客さんにインタビューする場合はどうかしら。1人の人に聞いても、それはその人だけの意見よね。

本丸: そりゃ、1人のお客さんに聞いてもダメだわ。その人の意見が大多数の意見とは限らないもの。

山下: そういえば、化粧品についてのアンケートが送られてきた。商品を購入した人に郵送しているって書いてあったわ。他の人にも送られてきているのよね。

そうですね。アンケートは正式には質問紙調査といわれるものです。その質問紙を作った人も、必ず事前に企画書を作成しているはずです。まずは、調査研究計画書の作り方から学びましょう。

白部先生

8-1 質問紙調査の流れ

　本章以降では、社会科学で定量調査として広く用いられている質問紙調査について学びます。

　質問紙調査とは、あるテーマについて調査対象者の意識や行動を知るために質問紙を用意し、調査対象者に回答を記入してもらうことにより、データを収集する方法です。

　質問紙調査は、同じ質問に対する回答を多数の回答者から得ることにより、調査対象者全体の態度、意識、行動の傾向を数量的に理解するのに有効です。

　質問紙調査は、調査研究計画書の作成、質問紙の作成、実査、データ入力と集計、分析、調査報告書の作成、報告の順で行います(図表8-1)。本章では、主に調査研究計画書の作成について学びます。

図表8-1　質問紙調査の流れ

1. 調査研究計画書の作成
   （仮説を立てる）
   ↓
2. 質問紙の作成
   ↓
3. 実査
   ↓
4. データ入力と集計
   ↓
5. 分析
   ↓
6. 調査報告書の作成
   ↓
7. 報告

8-2 調査研究計画書の基本形

　調査研究計画書の構成は、背景、目的、仮説、方法、調査実施期間、調査対象者、調査項目、集計・分析計画などがあげられます。以下、各項目の内容について述べます。

　調査研究計画書の作成にあたっては、まず、調査の目的と仮説の設定がポイントになります。

1) 背景と目的

　調査研究計画書は、まず調査の背景と目的について記述します。背景は、調査の実施にいたった経緯や意義について述べます。また、目的は、この調査によって何を明らかにしたいのかについて述べます。

　他の調査と同様に、目的はできるだけ具体的に記載します。この調査によってどのような示唆を得たいのかがポイントです。たとえば、日本人の祭りに関する意識と行動を調査したい場合、研究が目的なのか、あるいは町内会の祭りを主催して盛り上げたいのか、祭りに出店するために売れる商品を知りたいのかなどがあげられます。

　目的を明確をすることによって適切な質問紙を設計することができ、その結果、目的に沿ったデータを得られ、問題解決につながります。目的を設定する際には、まず文献調査を実施しましょう。専門書や論文を参照して先行研究から目的に関する情報を入手します。もしかしたら、有用な2次データを入手できるかもしれません。

2) 仮説

　調査の中で特に因果関係を検証したい項目については、仮説を設定します。自分自身で設定するのが困難なら、友人など他者にインタビューしてみるのもよいでしょう（仮説の設定にあたっては2-2節を参照）。

3) 方法と調査実施期間

　方法についての詳細は、第3章を参照してください。質問紙調査の代表的な調査方法には、郵送調査、街頭調査、訪問調査（留置調査）、会場調査な

どがあげられます。それぞれの特徴は次の通りです。

ⅰ）郵送調査：広範な地域での調査が可能。調査員を雇用する必要がなく、郵送料のみで安価である。回収率は低い。調査期間は最低2週間必要。
ⅱ）街頭調査：ある施設や店舗の利用者を調査対象とする場合は便利。公道での調査は警察の許可が必要。
ⅲ）訪問調査：回収率が高く、国勢調査（センサス）などはこの形式が一般的。日程調整を考えると3，4週間必要。
ⅳ）会場調査：会場の全員に対して一度に調査に関する説明ができ、回収率も高い。

以上の特徴を考慮して、調査方法を選択しましょう。

また、調査方法に合わせて調査実施期間を設定しましょう。郵送調査や会場調査は、準備にも時間を要しますから注意しましょう。

4）調査対象

調査の目的に合わせて、性別、年齢、地域、職業など調査の対象となる人の属性を明確にしておきましょう。調査対象全員に調査をするのか、あるいは調査対象の一部だけ調査するのかにより、全数調査と標本調査に分類されます。

全数調査としては、5年に一度、日本在住者を対象に行われる国勢調査が代表的なものです。調査対象者全員に調査を実施することができる場合は、全数調査がよいでしょう。

しかし、一般的に、調査対象者が多数の場合は費用や時間が膨大なことから、標本調査が用いられます。標本調査は標本抽出（サンプリング）が重要になります。母集団の特徴をできるだけ損なうことなく標本を抽出しなければなりません。サンプリングについては次節で説明します。

5）調査項目

調査項目と内容は調査の本体部分になります。目的および仮説に即して具体的に調査する内容を整理しておきましょう。

6) 集計・分析計画
　集計は度数分布表を使って全体像を把握します。仮説の検証など、より詳細な分析をするには、データの性質を考慮して適切な分析手法を活用してクロス集計、平均値の比較、相関などを使ってみましょう（集計、分析の方法は第 11 章、12 章参照）。

図表 8−2　調査研究計画書の項目

- 背景
- 目的
- 仮説
- 方法
- 調査実施期間
- 調査対象者
- 調査項目・内容
- 集計・分析計画

8−3　サンプリングの方法

　前節の 4)調査対象で説明したように、標本調査では、調査対象となる集団(母集団)の特徴をそのまま反映するように、標本を抽出することが理想的です。ここでは、いくつかのサンプリングの方法について紹介します。

1) 単純無作為抽出法(random sampling)
　母集団を構成するどの要素も同じ確率で選ばれる標本抽出法です。ただし、標本に選ばれる要素が互いに無関係になるように抽出します。たとえば、乱数表を用いる方法があります。鍋のスープを取り分けるとき、お玉で鍋をよくかき混ぜて、具が均等になるようにスープ皿に分けるようなイメージです。

2) 系統抽出法(systematic sampling)
　大量の標本を抽出するのが不可能な場合に利用します。最初の標本だけ乱数表で決め、それ以降を等間隔で抽出する方法です。

3) 層化抽出法（stratified sampling）

あらかじめ母集団をいくつかの層に分け、分けられた個々の層から必要な個数の標本を無作為に抽出する方法です。特に、層化抽出法において、各グループから選ぶ標本の数を、そのグループの大きさに比例して選ぶ方法を層化比例抽出法（stratified proportional sampling）といいます。鍋のスープを取り分けるとき、上澄み層と底の方の具からそれぞれスープ皿によそるようなイメージです。

4) 多段抽出法（multi-stage sampling）

母集団を何らかの基準によっていくつかのかたまりに分け、そのかたまりの中から乱数表などを用いていくつかのかたまりを無作為に選び出します。そして、そのかたまりから、さらに小さなかたまりへと分けていき、かたまりが小さくなったところで標本を無作為に抽出するという方法です。たとえば、全国から世帯を調査単位とする標本を抽出する場合、第1段階として市区町村を単位とした抽出を行い、第2段階として選ばれた市区町村内から丁目を単位とした抽出を行い、第3段階として選ばれた丁目から世帯の抽出を行う方法を、3段抽出法（three-stage sampling）といいます。

5) 割当抽出法（quota sampling）

複数の集団を比較したいときに、標本をほぼ同じ大きさにして抽出する方法です。たとえば、A銘柄とB銘柄の利用者を比較する場合に、A銘柄の利用者数がB銘柄の利用者数よりも極端に少ない場合、利用者数の比率で標本を抽出すると、A銘柄の標本サイズが極端に小さくなり、分析の精度が下がってしまいます。そこで、利用者の比率を重視せず、標本サイズをそろえて分析の精度を上げようとするものです。

次に、どのくらいの大きさの標本にすればよいかという問題があります。あまり小さすぎると誤差が大きくなり、信頼性が低下しますので、次ページの図表8−3−2を参考にして決めましょう。

図表8-3-1　サンプリングの方法

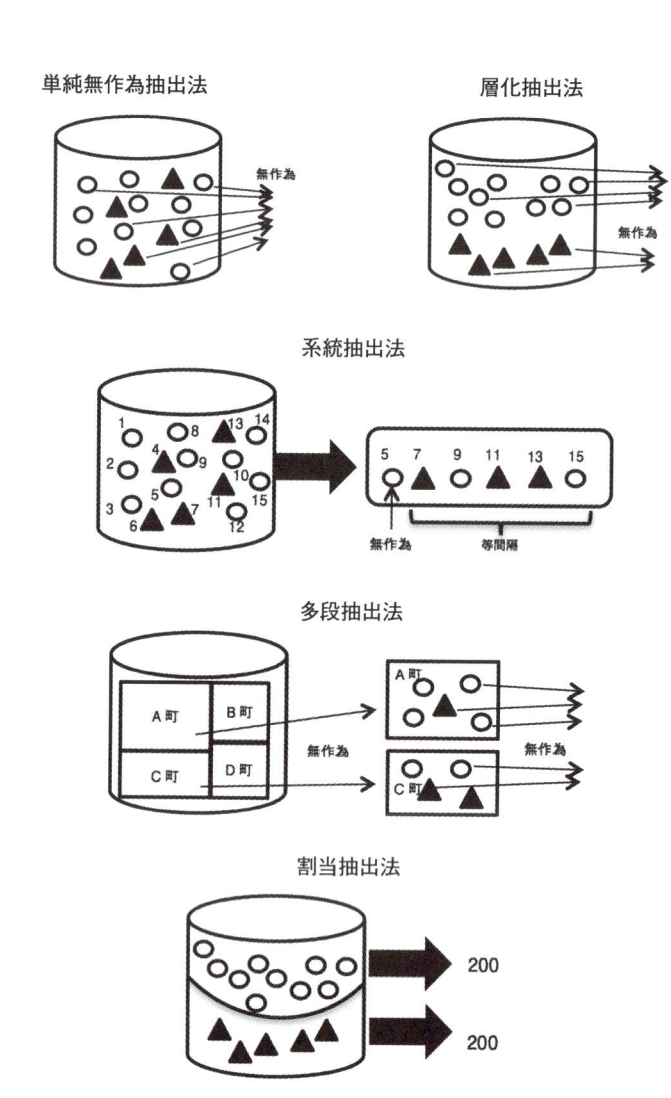

図表 8-3-2　標本の大きさと標本誤差の関係

例：n 人の有権者に、「あなたは現内閣を支持するか」と質問した結果、「支持する」と回答した割合が 50%（調査結果の内閣支持率）だったとする。このとき、有権者が無数にいると仮定すれば、真の内閣支持率はおおむね次の範囲に含まれていると考えてよい。

標本の大きさ　n	無限母集団（有権者が無数）を仮定した真の内閣支持率
100	40.2% ～ 59.8%
200	43.1% ～ 56.9%
500	45.6% ～ 54.4%
1000	46.9% ～ 53.1%
2000	47.8% ～ 52.2%
3000	48.2% ～ 51.8%

注1：標本誤差（sampling error）：標本から母集団の性質を推定するときにともなう誤差。本例では、たとえば n ＝ 100 のとき、標本誤差は 9.8%。
注2：信頼係数 95% で算定。つまり、仮にこの調査を 100 回繰り返したとき、ほぼ 95 回はこの範囲内に真の割合が含まれている。
注3：表内は調査結果が 50% のときの範囲。この値が大きくなっても小さくなっても範囲は狭くなる。たとえば n ＝ 100 のとき、調査結果が 20% ならば、真の内閣支持率は 12.2% ～ 27.8%（つまり、標本誤差は 7.8%）。

8-4　質問紙調査の調査研究計画書の事例

テーマ：祭りの屋台に関する若者の意識

1. 背景
　昨今、日本の多くの地域では過疎化の進展とともに少子高齢化が問題になっている。そのような地域では若者の参加など活性化のためにさまざまな取り組みが行われており、「祭り」もその1つである。もともと伝統的な「祭り」は豊穣への感謝や祈願など信仰上の儀式であったが、近年は宗教への関心の薄れから、行事（イベント）のみを行うものもある。
　このような「祭り」に多くの人に参加してもらうためには、イベントの内容をはじめ多くの要素が考えられるが、屋台もその1つである。人々、特に若者がどのような屋台を望んでいるのかを知ることは、祭りが成功するための重要な要素である。

2. 目的
   ① 本調査では、若者を対象に祭りの屋台に対する意識や行動について明らかにする。
   ② また、調査結果にもとづいて新しい屋台を提案する。

3. 主な仮説
   ① 自由に使える所得が大きいほど、祭りへの参加頻度が高い。
   ② 屋台で重視するものについては、祭りは非日常的な雰囲気であるため、ふだん目にしない珍しいものが好まれる。
   ③ 野外であることから、特に女性にとっては、屋台の清潔さが重要なポイントになる。

4. 方法、実施日、調査対象者
   主に10代から20代の男女を対象とし、繁華街における街頭調査(日曜日の午後)を実施する(祭りに参加する若者は、休日でも外出することが見込まれる)。

5. 調査項目、内容
   ① 祭りに出かける頻度
   ②−1 祭りで使用した金額(総額)
   　−2 一食品あたりの平均使用金額
   ③ 祭りの屋台で重視するもの

回答者属性(フェイスシート)
　F1：性別
　F2：1か月のこづかい(自由に使える金額)

6. 主な集計・分析計画
   ① 単純集計による度数分布表。使用金額については基本統計量。
   ② 仮説の検証：「こづかい」と「参加頻度」のクロス集計
   　　　　　　　「性別」と「屋台で重視するもの」のクロス集計。

> **ワークシート 8**　　質問紙調査の調査研究計画書を作ろう

1. 母集団について考えよう。

　ある国で大統領選挙が行われた。候補者は、若者に人気のある A 氏と、老人から支持を受けている B 氏である。ある調査会社が、開票前にインターネットによる支持率の調査を行ったところ、A 氏を支持する回答が多かったため、"A 氏が優勢である" と公表した。ところが、開票の結果、勝利を収めたのは B 氏であった。この調査会社は、なぜ予想をあやまったのだろうか。

＿＿＿＿＿＿＿＿＿＿＿＿＿＿＿＿＿＿＿＿＿＿＿＿＿＿＿＿＿＿＿＿
＿＿＿＿＿＿＿＿＿＿＿＿＿＿＿＿＿＿＿＿＿＿＿＿＿＿＿＿＿＿＿＿
＿＿＿＿＿＿＿＿＿＿＿＿＿＿＿＿＿＿＿＿＿＿＿＿＿＿＿＿＿＿＿＿
＿＿＿＿＿＿＿＿＿＿＿＿＿＿＿＿＿＿＿＿＿＿＿＿＿＿＿＿＿＿＿＿
＿＿＿＿＿＿＿＿＿＿＿＿＿＿＿＿＿＿＿＿＿＿＿＿＿＿＿＿＿＿＿＿

2. 次の項目を使って、質問紙調査の調査研究計画書を作ろう。

テーマ

＿＿＿＿＿＿＿＿＿＿＿＿＿＿＿＿＿＿＿＿＿＿＿＿＿＿＿＿＿＿＿＿

1. 調査の背景

＿＿＿＿＿＿＿＿＿＿＿＿＿＿＿＿＿＿＿＿＿＿＿＿＿＿＿＿＿＿＿＿
＿＿＿＿＿＿＿＿＿＿＿＿＿＿＿＿＿＿＿＿＿＿＿＿＿＿＿＿＿＿＿＿
＿＿＿＿＿＿＿＿＿＿＿＿＿＿＿＿＿＿＿＿＿＿＿＿＿＿＿＿＿＿＿＿

2. 調査の目的

＿＿＿＿＿＿＿＿＿＿＿＿＿＿＿＿＿＿＿＿＿＿＿＿＿＿＿＿＿＿＿＿
＿＿＿＿＿＿＿＿＿＿＿＿＿＿＿＿＿＿＿＿＿＿＿＿＿＿＿＿＿＿＿＿
＿＿＿＿＿＿＿＿＿＿＿＿＿＿＿＿＿＿＿＿＿＿＿＿＿＿＿＿＿＿＿＿

3. 仮説

＿＿＿＿＿＿＿＿＿＿＿＿＿＿＿＿＿＿＿＿＿＿＿＿＿＿＿＿＿＿＿＿

4. 調査方法

5. 調査実施期間

6. 調査対象

7. 調査項目

8. 分析計画

第9章

質問紙調査の実施

調査の計画ができたら、次は質問紙の作成です。本章では、質問紙作成のための基本的な要素、流れ、デザインなどについて学習します。また、質問紙作成上の注意点について学びます。

KEYWORD
プリコード型　記述型　ワーディング

> @キャンパス

本丸: 調査研究計画書の作成って、結構難しかったわ。

武谷: これが、これから作る質問紙の設計図になるわけだもんね。

山下: 仮説を検証できるような分析イメージを描いたり、それをレポートにまとめたりするには、論理的に補強してくれるような情報も集めないとね。

本丸: でも、この計画書を使って質問紙を作成するには、どうすればいいんだろう。

質問紙の作成にあたっては、いくつかの重要なポイントがあります。また、調査研究計画書を作成する際に集めた先行研究の文献や質問紙データも、とても役に立ちます。

白部先生

9-1 質問紙の構成

本節では，質問紙の構成について学びます。まず，質問紙の事例を下に示します。

祭りや屋台に関するアンケート

ご協力のお願い

本アンケートは，学生の皆さんの日ごろの生活やイベントについての考え方等をお聞きし，今後の学内イベント等の方向性についての基礎資料として活用するものです。アンケートは無記名で実施し，個人名を特定することはありませんので，安心しておこたえ下さい。

【蓮浦大学経営学部　3年　武谷由紀夫】

■ <u>イベントや祭り，屋台</u>についておうかがいします。

Q1. あなたは，イベントや祭りにどの程度出かけますか。（1つだけ○印）

1. よく出かける方だと思う	4. あまり出かけない方だと思う
2. 出かける方だと思う	5. 出かけない方だと思う
3. まあ出かける方だと思う	6. 全く出かけない

Q2. あなたは，<u>お祭りなどの屋台で食べ物を購入するとき</u>，どのくらいの金額を使いますか。（使わない場合は，0を記入してください。）
A. 全体ではどのくらいですか。……→　およそ　[　　　　]　円くらい
B. 1食品あたりではどのくらいですか。……→　およそ　[　　　　]　円くらい

Q3. あなたが，お祭りなどで食べ物を購入する際に重視するものは何ですか。（いくつでも○印）

1. 屋台ののぼり	2. 看板やポスター	3. 値段の表記	4. 店の人のかけ声
5. 店の人の態度	6. 価格の安さ	7. 清潔さ	8. イベントや祭りのチラシ
9. 評判のよさ	10. 商品の珍しさ	11. 定番の商品	12. 持ち運びやすさ
13. 人気の高さ	14. その他（　　　　　　　　　　）		

Q4. そのうち(Q3で○印をしたもの)最も重視するものは何ですか。1つだけ選んで，番号を記入してください。

　　　　最も重視するのは，……→　[　　　　]

第9章　質問紙調査の実施

■　あなた自身についておうかがいします。

F1. あなたの性別は。

1. 男性　　2. 女性

F2. あなたの一か月のこづかい（自由に使えるお金）は，どのくらいですか。（1 つだけ○印）

1. ～3,000 円未満	6. 15,000 円～20,000 円未満
2. 3,000 円～5,000 円未満	7. 20,000 円～25,000 円未満
3. 5,000 円～7,000 円未満	8. 25,000 円～30,000 円未満
4. 7,000 円～10,000 円未満	9. 30,000 円～35,000 円未満
5. 10,000 円～15,000 円未満	10. 35,000 円以上（　　　　　）

1）タイトル（テーマ）

　タイトルは、調査内容がわかる表記にします。ただし、回答者に偏見を与えないようにします。（良くない例：たばこの害に関する調査）

2）依頼文

　タイトルの下に、この調査に関する依頼を文章で記載します。内容は、調査の目的、調査後の調査票やデータの取り扱い、調査者名、連絡先などです。郵送調査や訪問留置調査の場合には、回答期限を明記しましょう。また、郵送調査には、返送先や返送方法についても明記することが大切です。

　社会調査の場合は、統計的に処理して集計結果のみ公表することが多いです。調査後のデータの取り扱いについては、「調査以外の目的で使用することはありません」などと、必ず明記しましょう。

3）質問項目

　質問項目は、調査研究計画書の仮説や調査項目にもとづいて設定します。質問の順番は時系列的に配慮するなど、回答しやすい順に並べます。一般的な質問順は以下の通りです。

> ①外面的な質問(プリコード型)・・・行動や習慣など
> ②内面的な質問(プリコード型)・・・意識、予想、考えなど
> ③記述型の質問・・・意見、感想など
> ④フェイスシート(属性)・・・性別、年齢、所得など

　まず、現状の全体像を知るために、行動や習慣など比較的回答しやすい外面的な質問から始めます。次に、意識や予想など少し考えなければならない内面的な質問を設定します。そして、自由に意見や感想などを記述する質問を設定します。最後に、個人の属性に関わる性別や年齢などの質問(フェイスシートといいます)を設定します。

4) 謝辞

　質問紙の末尾には、最後まで回答してもらったお礼を簡単に記載します。また、回答のお礼として集計結果を回答者に送る場合には、回答の送付先やメールアドレスなどを記載できる欄を設けておきます。

9-2 質問項目作成の基礎

　本節以降では、質問紙の作成にあたって注意すべき事項について説明します。

1) 設問方法の2つのタイプ

　質問紙の設問方法は、大きく分けてプリコード型と記述型があります。
　プリコード型は、あらかじめ設定された選択肢の中から、回答者が、1つあるいは複数を選択して回答する方法です。回答者にとっては、比較的回答しやすいという利点があります。また、調査者にとっても、集計を比較的容易に行うことができます。

2) プリコード型

　プリコード型では、選択する方法として、単一回答方式と複数回答方式などがあります。

(i) 単一回答方式と複数回答方式

　単一回答方式は、選択肢の中から1つを選択して回答する方法です。性別や居住形態など、1つしか回答が選択できない質問に用います。一方、複数回答方式は、選択肢から複数を選択して回答できる方法です。回答者の意思や行動など、あてはまるものが複数ある場合に用います。

　質問を設定するときに、どちらの方式を採用するかはとても重要です。たとえば、「好きな果物は何か」という質問に対して、選択肢を「ぶどう、バナナ、いちご、りんご、その他」と設定します。この場合、どちらの方式を採用すればよいでしょうか。

　まず、単一回答方式を考えてみましょう。もし、回答者がこの中の1つしか好きなものがなければ特に問題は生じません。ところが、回答者が「ぶどう」と「いちご」が好きな場合はどうでしょう。本当は2つとも選択したいのですが、1つしか選べないので、どちらを選択すればよいのか困ります。この回答者が「いちご」を選択した場合、本来、この回答者が好きな「ぶどう」という情報は取得できないことになります。

　このように、通常、複数選択する可能性がある場合には、複数回答方式を採用しましょう。単一回答を導く必要がある場合は、質問を2つに分けて最初の質問で選択肢を絞り、次の質問で「特にあてはまるものを1つ選択」させます。

　なお、単一回答方式では「1つだけ○」、複数回答方式では「いくつでも○」などを、質問ごとに必ず記載しましょう。

(ii) プリコード型の注意点

　プリコード型の注意点としては、回答者に意図が正しく伝わるように、質問文や選択肢の言葉を選ぶことが重要です。この作業をワーディングといいます。ワーディングについては、次節で詳述します。

3) 記述型

　記述型には、数量や語句、および文章の回答があります。

(i) 数量

　たとえば、年齢、所得、回数などがあります。この回答は量的データになりますから、平均値をはじめ、計算を用いた統計処理を行うことが可能です。

なお、数量を回答させる質問については、「〇〇以上〇〇未満」という形でいくつかのグループに分類し、プリコード型で質問することが可能です。プリコード型にすると回答者が回答しやすいという利点がありますが、質的データ(順序尺度)として扱うことになります。

(ii) **語句**

　「好きな果物」や「よく行く観光地」などの質問については、選択肢を用意せずに直接回答してもらうような場合が想定されます。選択肢の数が多い場合や、少数意見を収集するときに用いられます。

(iii) **文章**

　現状、課題、意見、感想などについて、詳細な情報を回答者から引き出すのに適しています。回答が想定しにくい場合や、想定した回答についてさらに深く知りたい場合に利用します。ただし、回答者にとっては回答負担が大きくなりますので、あまり多用せず、全体の2割程度に抑えましょう。より詳細な情報を収集したい場合には、インタビューなどの別の調査方法を利用する方が望ましいでしょう。

図表9－2－1　設問方法

```
設問方法 ─┬─ プリコード型 ─┬─ 単一回答方式
          │                 └─ 複数回答方式
          └─ 記述型
```

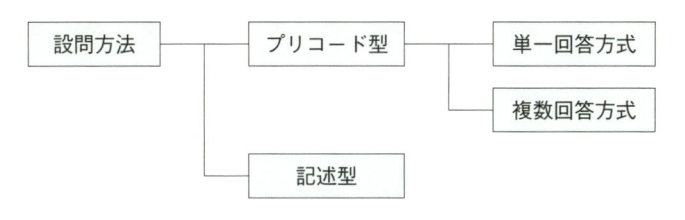

図表9－2－2　設問の注意点

・設問の順番は答えやすいものから。
・調査者の意図が正しく伝わるようワーディングに気をつける。
・複数選択の可能性があるときは、複数回答方式を使う。
・記述型(文章)は全体の2割程度に抑える。

9-3 ワーディング

　質問紙調査では、質問文や選択肢の内容を回答者に正しく理解してもらうことが重要です。そのため、質問文や選択肢の作成にあたっては、偏見（バイアス）を持たれないように言葉を選ばなければなりません。この作業をワーディングといいます。以下に、ワーディングの注意点を述べます。

1）質問文
　質問文について気をつけなければならない事項として、次のようなものがあげられます。

(i) 俗語や難しい専門用語（ステレオタイプ）を避ける

　質問紙は人に読んでもらう文章ですから、正しい日本語を使用することが原則です。あまり一般的でない俗語や省略語、専門用語を使うと、回答者は質問の意味が理解できません。どうしても使用する必要がある場合には、簡単な注釈を添える必要があるでしょう。

(ii) 1つの質問文に複数の論点（ダブルバーレル）を含めない

　たとえば、「あなたは自動車やバイクを運転しますか」という設問です。質問文は自動車とバイクをひとくくりにしていますが、回答者の立場に立ってみると、自動車には乗るけれどもバイクに乗らない人は、この質問に答えづらくなります。また、バイクには、自動二輪、原動機付き自転車、自転車が含まれますので注意しましょう。

(iii) 回答を誘導（キャリーオーバー）しない

　たとえば、「原子力発電所は事故を起こせば大きな問題になりますが、必要だと思いますか」というような質問です。これは明らかに原子力発電の恐怖をあおる消極的な文です。問題点は、調査研究計画書の背景・目的のところには書きますが、質問紙には書かないようにします。

(iv) 個人の意見を回答してもらうのか、一般論を回答してもらうのかを明確にする

　たとえば、ある大学で学生を対象に「大学の中に、喫煙スペースを作るべきか」という質問があたります。この質問文は、一般の大学についてなのか、あるいは特定の大学を指しているのかがあいまいです。

2) 選択肢

選択肢について気をつけなければならない事項には、次のようなものがあります。

(i) ダブリやモレをなくす

まず、ダブリの例です。たとえば、「あなたの職業を次の中から1つ選んでください」という設問に対して、選択肢として「会社員、OL、公務員、自営業、主婦、学生」を設定したとしましょう。「OL」は女性の「会社員」の意味で使われますので、明らかに重複があります。この場合、性別を聞く設問を別に設定すれば、「OL」の選択肢は不要になります。

同じ例で、兼業主婦の女性は「会社員」と「主婦」のどちらを選べばよいでしょうか。この場合は、設問に「あなたの生活の中で最もウェイトの高いものを選択してください」といったような注釈をつけると丁寧になります。

また、モレをなくす方法としては、選択肢の最後に「その他」を設定するとよいでしょう。

このように回答者が迷ったり、考えこんだりしないように工夫することが大切です。

(ii) 多項選択肢

頻度や程度といった順序尺度に関する多項選択肢は、4段階や5段階が多く用いられます。

≪4段階の例≫

1. ほとんどあてはまる	2. ややあてはまる	3. あまりあてはまらない
4. ほとんどあてはまらない		

≪5段階の例≫

1. ほとんどあてはまる	2. ややあてはまる	3. どちらともいえない
4. あまりあてはまらない	5. ほとんどあてはまらない	

ある質問に対して肯定群と否定群に分けたい場合は4段階を用い、「どちらともいえない」を基準にして間隔尺度とみなして分析したい場合は、5段階を用いるとよいでしょう。

いずれの場合も、「非常に」という言葉は、かなり限定的な表現のため、回答者が選択しにくいといわれていますので、避けた方がよいでしょう。

(iii) 選択肢の番号

後の集計を考慮して、選択肢には番号を振っておきましょう。単一回答方式の場合、この番号が便宜的な値となりますので、記号よりも番号の方がよいでしょう。複数回答方式の場合は、変数名の一部となります(10−1節参照)。

図表9−3　質問文の注意点

・俗語、省略語、専門用語を避ける。
　　「ファミレスをどのくらいの頻度で利用しますか。」
　⇒「ファミリーレストランをどのくらいの頻度で利用しますか。」

・1つの質問文に複数の論点を含めない。
　　「スーパーや駅の売店などで、あったらいいなと思うサービスは。」
　⇒「スーパー」と「駅の売店」は別の業態なのでどちらかに絞る。

・回答を誘導しない。
　　「インターネットに関するトラブルが後を絶ちませんが、あなたは子どもにインターネットを使わせようと思いますか。」
　⇒ 質問の前半は、質問紙に書かない。

・個人の意見を求めるのか、一般論を求めるのか明確にする。
　　「あなたは学校給食が必要だと思いますか。」
　⇒ 個人的な意見を求めるならば、「あなたにとって学校給食は必要ですか。」
　⇒ 一般論ならば、「一般的に」という言葉をつけると明確になる。

図表9−4　選択肢の注意点

・2つ以上の意味にとれる表現、あいまいな表現を避ける。
・モレをなくすために、「その他」を使う。
・「非常に」という言葉は避ける。

ワークシート9　質問紙を作ってみよう

　ワークシート8-2の調査研究計画書にもとづいて質問紙を作り、調査を実施しよう。

タイトル：

依頼文：

設問：

第10章

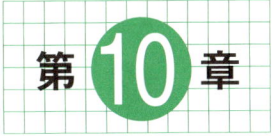

データ分析①

質問紙調査が終了したら、調査票を整理してデータを入力します。本章では、質問紙調査のデータ入力や基礎的な統計処理の方法について学習します。特に、SPSSの操作法について学びます。

KEYWORD

コーディング　検票　ナンバリング
データクリーニング　度数分布表

@キャンパス

武谷：質問紙を配布して回収したけど、みんな親切に協力してくれて、とてもありがたいと思ったな。

山下：そう、スクールバスの発車直前まで協力してくれたわ。回収した調査票を大切にして、しっかりと分析しなきゃ、申し訳ないわね。

本丸：これから、いよいよ分析ね。この調査票は、順番とか考えないでばらばらでいいのかな。

武谷：データ分析をする前に、まずデータを入力する作業だね。

データの入力の前に、回収した調査票を点検する作業などがあります。調査票を処理する作業の一連の流れについて、しっかりと学びましょう。

白部先生

10−1　データ入力の準備

　質問紙調査の実査が終わったら、いよいよ、データの入力とその分析に移ります。

　ただし、その前に、調査票を回収したところで、次のような事前準備を行うことが大切です。

1) コーディング

　集計や分析は数値で行いますので、調査票の作成時に選択肢に番号を振っておくのが原則ですが、a.、イ）などの記号を使った調査票の場合は、回収後に記号を数値に変更します。番号や記号を付けていない調査票の場合は、選択肢に番号を振って数値化します。

　また、記述型の場合、数量以外のデータを集計する場合はコーディングを行います。単語など語句を整理して番号を振っていきます。

2) 検票

　回収した調査票が分析に使用できるかどうかをチェックします。この作業を検票と呼びます。ほとんど回答されていない調査票や、すべての質問について同じ番号(たとえば、すべて1)を回答しているような調査票は、無効票として処理します。また、性別は男性と回答しているにもかかわらず、職業をOLと回答しているような調査票も無効票にします（ロジカルチェック）。

3) ナンバリング

　検票した結果、使用可能な調査票には連続番号を振っていきます。この作業をナンバリングと呼びます。データを入力する際、この番号を一緒に入力することによって、パソコンに入力されたデータと調査票をつなげることができます。この作業により、データ分析の際、ありえない数値が出てきたときに、入力ミスかどうかを調査票で確認することが可能になります。

　以上はとても細かい作業ですが、データを正確に入力するための重要なプロセスです。

10-2 データ入力

　整理作業が終了したら、次はデータをパソコンに入力していきます。データは行列の形で入力します。横列(行＝レコード)が回答者(ケース)ごとのデータ(値)、縦列(列＝フィールド)が変数ごとのデータ(値)です(図表10-2-1)。

　1列目には、ケースがわかるようにケース番号(ナンバリングの番号)を入力します。2列目以降は、プリコード型単一回答方式の場合は、質問番号を変数名にし、選択肢の番号を値として入力します。また、複数回答方式の場合は、質問番号と選択肢との組み合わせを変数名にするとわかりやすいでしょう。そして、回答者が選んだ選択肢には1を、選ばなかった選択肢には0を入力します(図表10-2-2、図表10-2-3)。

　記述型は回答をそのまま入力します。データの一元化のために、すべての回答を1つのファイルに入力してもよいですが、意見や感想などの文章形式の記述型回答は別のファイルに入力するのが一般的です。記述型にはデータマイニングと呼ばれる専用の分析ソフトを使用する場合もありますので、分析に合わせて入力場所を決定しましょう。

　以下に、Microsoft社のExcelでデータを入力する場合を例示します(図表10-2-4)。

　まず、コーディングにしたがってExcelのシートの1行目に変数名を入力します。1列目(A列)はケース番号を示す変数名(たとえば、「No.」)を、2列目(B列)以降には調査票の質問にしたがって変数を入れていきます。

　次に、2行目以降は、1つ目のケースから順番にデータを入力していきます。なお、無回答の項目があれば空欄にしておきます。

図表10-2-1　データの入力規則

図表 10-2-2　単一回答方式のデータ入力

Q1. あなたが好きな果物を1つ選んでください。（1つだけ選んで○印）
　　1.　いちご　　2.　みかん　　3.　りんご　　4.　ぶどう

変数	Q1
このケースの値	3

単一回答方式のデータは○印がついている選択肢番号を入力しましょう。

図表 10-2-3　複数回答方式のデータ入力

Q1. あなたが好きな果物をすべて選んでください。（いくつでも○印）
　　1.　いちご　　2.　みかん　　3.　りんご　　4.　ぶどう

変数	Q1_1	Q1_2	Q1_3	Q1_4
このケースの値	1	0	1	0

複数回答方式は選択肢が変数です。データは○印がついていれば"1"を、ついていなければ"0"を入力しましょう。

図表 10-2-4　Excelのデータ入力例

祭りや屋台に関する調査（9-1節の質問紙）

	A	B	C	D	E	F	G	H	I	J	K
1	no	Q1	Q2A	Q2B	Q3_1	Q3_2	Q3_3	Q3_4	Q3_5	Q3_6	Q3_7
2	1	3	500	100	0	0	0	0	0	1	0
3	2	3			1	0	0	1	0	1	1
4	3	3	1000	300	0	0	0	0	1	1	1
5	4	3	2000	500	0	0	1	0	0	1	0
6	5	4	2000	500	1	1	0	1	0	1	0
7	6	3	1500	250	0	0	0	0	0	0	0
8	7	2	1000	500	0	1	0	0	0	1	1
9	8	4	1500	500	0	0	0	0	0	1	0
10	9	5	1500	300	0	0	0	0	0	0	0

- A列：ケースの番号（ナンバリングの番号）
- B列：Q1 祭りに出かける頻度＝プリコード型単一回答方式
- C・D列：食べ物購入金額＝記述型（数量）
- E～K列：食べ物を購入する際に重視するもの＝プリコード型複数回答

※ 無回答は、選択肢や数量回答の値と重ならない数値「99999」などを入力して、入力忘れと区別することもあります。

10−3　SPSS へのインポート

　本章では、統計解析ソフトウェアの IBM SPSS Statistics（以下、「SPSS」）を使用して度数分布表を作成する方法を説明します。まず、前節で Excel に入力したデータを SPSS にインポートし、その後、保存とラベリングの作業を行います。（※Excel データは、www.9640.jp/research からダウンロードできます。）

1）Excel データを SPSS にインポート

1. SPSS を起動して、[データ ドキュメントを開く] ボタンを Click 。

2. [データを開く] 画面で、[ファイルの種類] を Excel（*.xls,*.xlsx,*.xlsm）に指定。[ファイルの場所] を、Excel データを保存したフォルダに指定し、ファイル名を指定して [開く] ボタンを Click 。

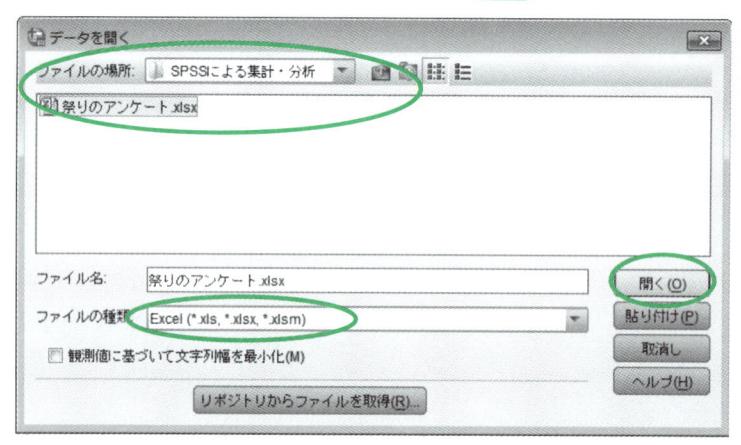

3. [Excel データ ソースを開く] 画面で、[データの最初の行から変数名を読み込む] にチェックが入っていることを確認して、[OK] ボタンを Click 。

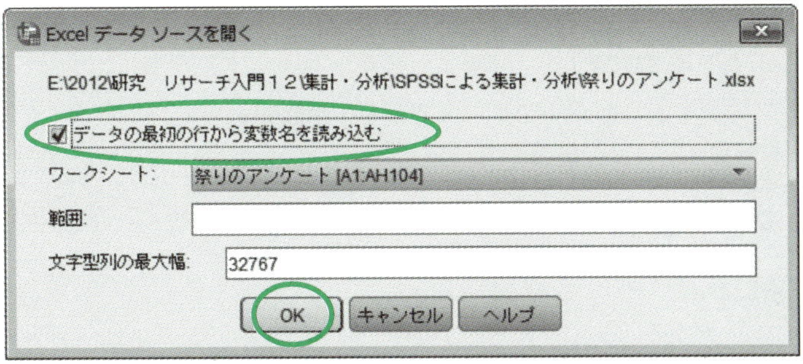

[Excelデータソースを開くダイアログ]
E:\2012\研究 リサーチ入門12\集計・分析\SPSSによる集計・分析\祭りのアンケート.xlsx
☑ データの最初の行から変数名を読み込む
ワークシート: 祭りのアンケート [A1:AH104]
範囲:
文字型列の最大幅: 32767
[OK] [キャンセル] [ヘルプ]

インポートした結果、データビューと変数ビューは次の通りです。

(ⅰ)データビュー＝データを表示

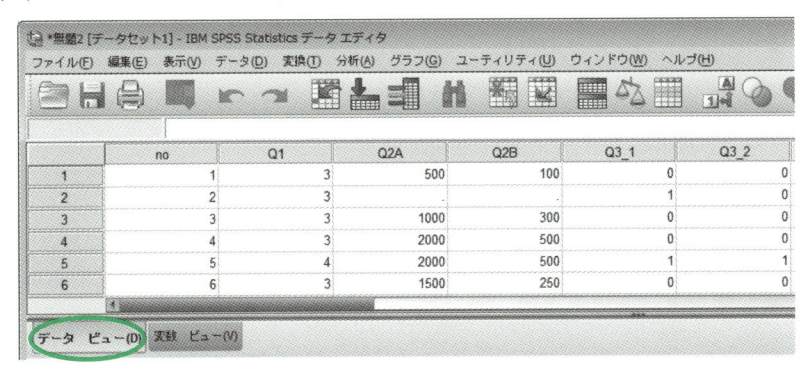

	no	Q1	Q2A	Q2B	Q3_1	Q3_2
1	1	3	500	100	0	0
2	2	3	.	.	1	0
3	3	3	1000	300	0	0
4	4	3	2000	500	0	0
5	5	4	2000	500	1	1
6	6	3	1500	250	0	0

(ⅱ)変数ビュー＝各変数の情報を表示

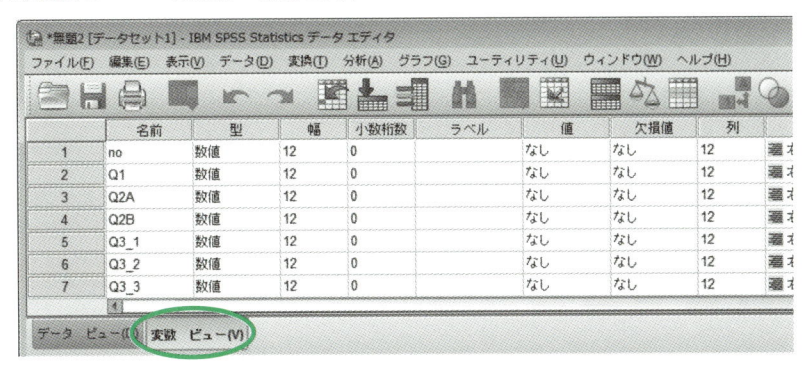

	名前	型	幅	小数桁数	ラベル	値	欠損値	列
1	no	数値	12	0		なし	なし	12
2	Q1	数値	12	0		なし	なし	12
3	Q2A	数値	12	0		なし	なし	12
4	Q2B	数値	12	0		なし	なし	12
5	Q3_1	数値	12	0		なし	なし	12
6	Q3_2	数値	12	0		なし	なし	12
7	Q3_3	数値	12	0		なし	なし	12

第10章　データ分析①

2) SPSS データとしての保存
1. ［保存］ボタンを Click し、［名前を付けてデータを保存］画面で、ファイルの場所、ファイル名を入力し、［保存］を Click する。

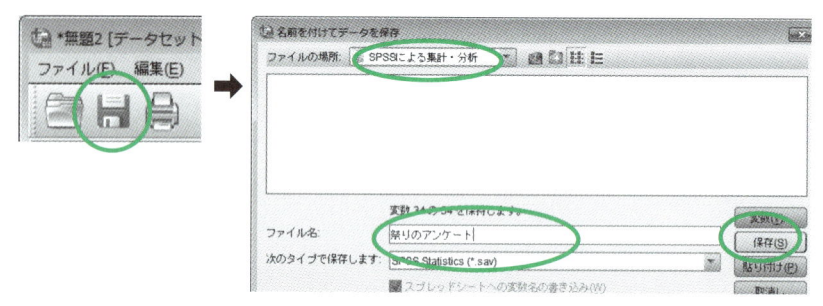

3) ラベルと値ラベルの設定
［変数ビュー］で変数にラベルや値ラベルを設定しておくと、後の集計や分析結果の編集が便利になります。
(ⅰ)ラベルの設定＝単一回答および数量回答→質問項目、複数回答→選択肢
　設定する変数のラベル欄をダブル Click して入力。

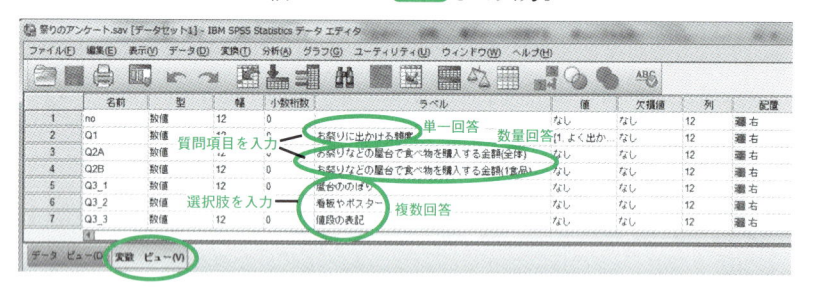

(ⅱ)値ラベルの設定＝単一回答→選択肢
　設定する変数の値欄を Click 。

［値ラベル］画面で、［値］＝選択肢番号、［ラベル］＝選択肢を入力し、［追加］を Click 。すべての値ラベルを設定したら、［OK］を Click 。

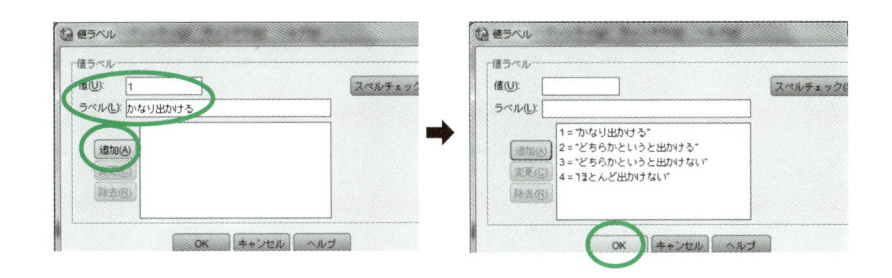

ラベルの設定が終了したら、データを上書き保存しておきましょう。

10-4 SPSS による集計

次に、全体的な傾向を把握するために度数分布表を作成します。この作業は、入力ミスのチェックもかねています。

プリコード型のデータは、選択肢ごとに集計して度数分布表にします。

1) 単一回答方式の集計の手順（Q1：お祭りに出かける頻度）

1. メニューバーの［分析］→［記述統計］→［度数分布表］を Click 。

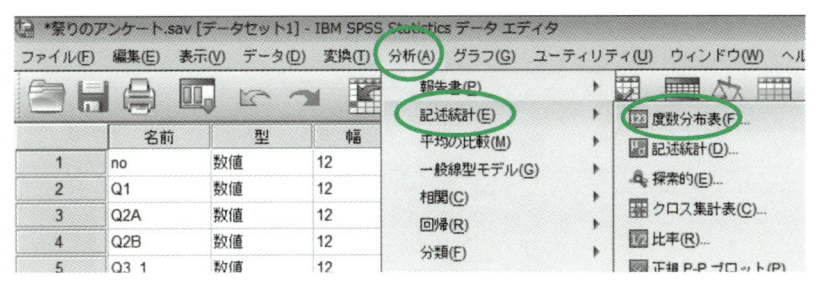

2. ［度数分布表］画面で、集計する変数を指定し、［OK］を Click 。

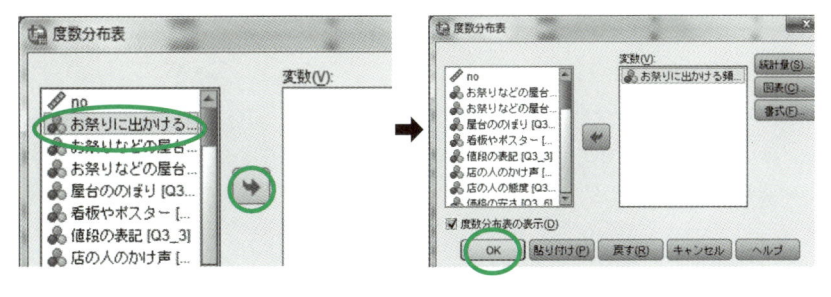

結果は、［ビューア］という画面に出力されます。集計結果と傾向は、以下の通りです。

統計量（お祭りに出かける頻度）

度数	有効	103
	欠損値	0

		度数	パーセント	有効パーセント	累積パーセント
高頻度	よく出かける	8	7.8	7.8	7.8
	出かける方	18	17.5	17.5	25.2
	まあ出かける方	29	28.2	28.2	53.4
低頻度	あまり出かけない方	31	30.1	30.1	83.5
	出かけない方	12	11.7	11.7	95.1
	全く出かけない	5	4.9	4.9	100.0
	合計	103	100.0	100.0	

最も多いのが「あまり出かけない方」、次に多いのが「まあ出かける方」です。この中央の2項目で約6割を占めており、両端ほど割合が少なくなっています。高頻度群と低頻度群に分けた場合、ほぼ半々の割合です。

結果を見て、入力エラーをチェックし修正します。（データクリーニング）

2) 複数回答方式の集計の手順（Q3：お祭りの屋台で重視するもの）

複数回答方式の集計には、まず、グループ定義を行ってから度数分布表を作成します。

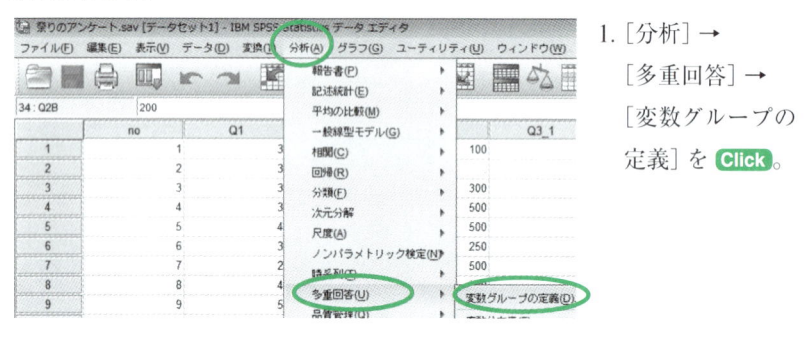

1. ［分析］→［多重回答］→［変数グループの定義］を Click 。

2. ［多重回答グループを定義］画面で、該当する変数（Q3 の選択肢）を指定。指定法は、該当する1つ目の変数を Click → shift キー＋該当する最後の変数を Click 。

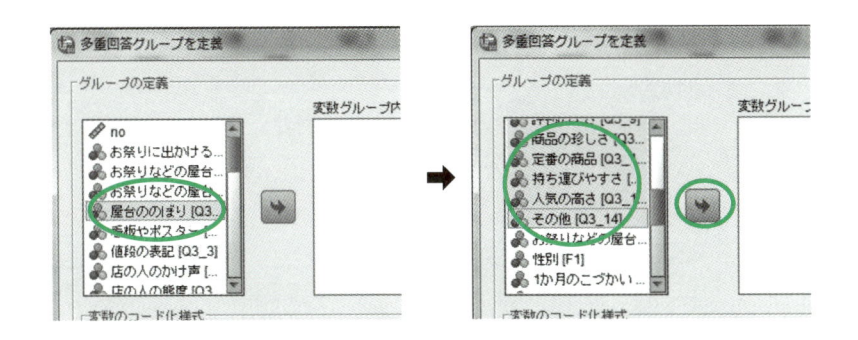

3. ［変数のコード化様式］で、2分変数が選択されていることを確認し、以下の通り指定して、追加を Click 。

　　［集計値］：1　［名前］：Q3　［ラベル］：お祭りの屋台で重視するもの
4. ［多重回答グループ］に「\$Q3」を確認→［閉じる］を Click 。

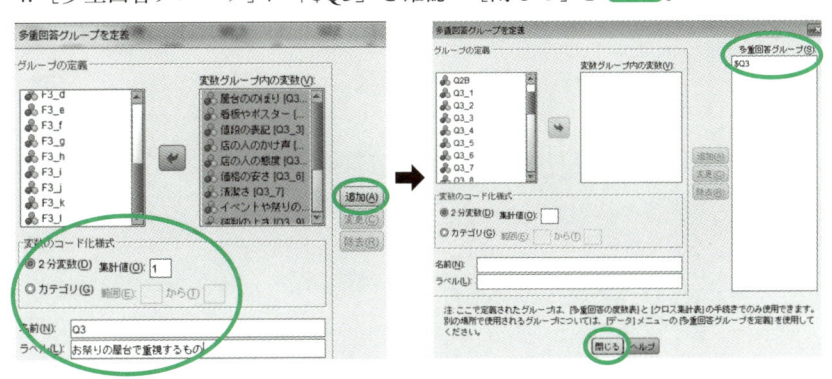

5. ［分析］→［多重回答］→［度数分布表］を Click 。

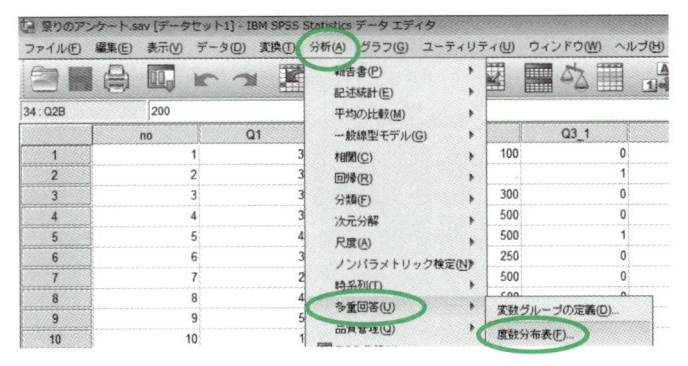

第10章　データ分析①

6. ［多重回答の度数分布表］画面で、グループを指定し、［OK］を Click 。

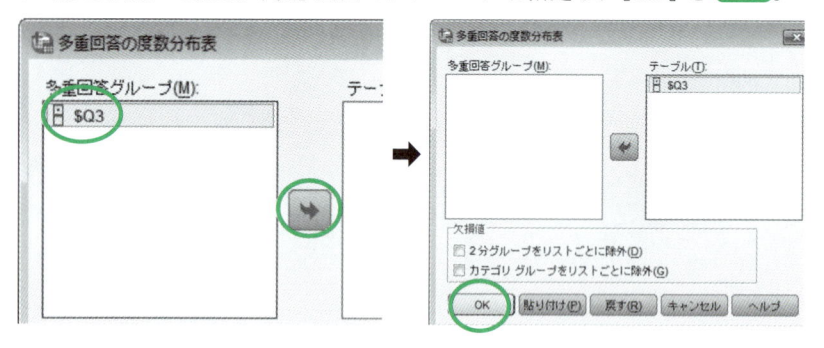

集計結果と傾向は以下の通りです。

度数分布表

		応答数		ケースの
		N	パーセント	パーセント
お祭りの屋台で重視するもの a	屋台ののぼり	10	2.6%	9.8%
	看板やポスター	10	2.6%	9.8%
	値段の表記	28	7.4%	27.5%
	店の人のかけ声	21	5.5%	20.6%
	店の人の態度	40	10.6%	39.2%
	価格の安さ	79	20.8%	77.5%
	清潔さ	44	11.6%	43.1%
	イベントや祭りのチラシ	2	0.5%	2.0%
	評判のよさ	20	5.3%	19.6%
	商品の珍しさ	24	6.3%	23.5%
	定番の商品	24	6.3%	23.5%
	持ち運びやすさ	38	10.0%	37.3%
	人気の高さ	29	7.7%	28.4%
	その他	10	2.6%	9.8%
	合計	379	100.0%	371.6%

a: 2分グループを値1で集計します。

ケースのパーセントによると、最も多いのは、価格の安さ(77.5%)です。そして、清潔さ(43.1%)、店の人の態度(39.2%)、持ち運びやすさ(37.3%)が続きます。

チラシ、のぼり、看板はあまり重視されないようです。

3) 数量の集計手順（Q2：お祭りなどの屋台で食べ物を購入する金額）

数量に関するデータは、度数分布表や統計量を求めて、データの分布を見てみましょう。

1. メニューバーの［分析］→［記述統計］→［度数分布表］を **Click**。

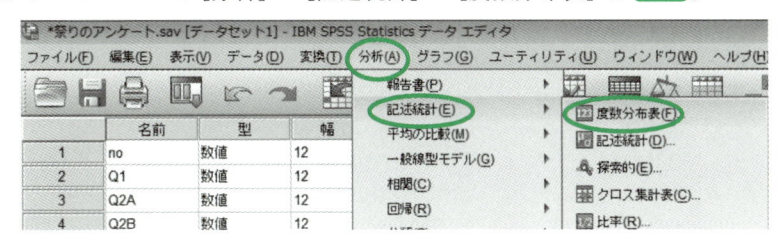

2. ［度数分布表］画面で、集計する変数を選択し、［統計量］を **Click**。

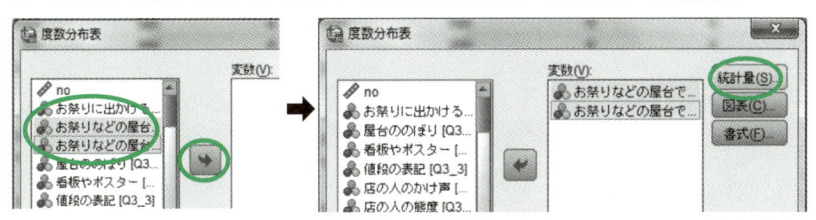

3. ［度数分布表：統計］画面で、算出したい統計量を指定し、［続行］を **Click**。
   ［度数分布表］画面で、［OK］を **Click**。

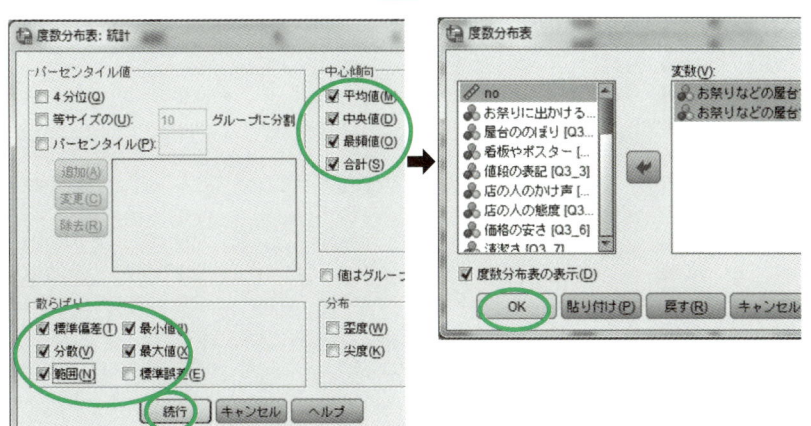

結果と傾向は以下の通りです。

統計量

		お祭りなどの屋台で食べ物を購入する金額	
		全体	1食品
年度	有効	102	101
	欠損値	1	2
平均値		1868.63	370.79
中央値		1500.00	300.00
最頻値		1000	300
標準偏差		1818.060	234.975
分散		3305342.652	55213.366
範囲		10000	1500
最小値		0	0
最大値		10000	1500
合計		190600	37450

度数テーブル

お祭りなどの屋台で食べ物を購入する金額(全体)					
		度数	パーセント	有効パーセント	累積パーセント
有効	0	1	1.0	1.0	1.0
	300	1	1.0	1.0	2.0
	400	1	1.0	1.0	2.9
	500	11	10.7	10.8	13.7
	600	3	2.9	2.9	16.7
	700	2	1.9	2.0	18.6
	1000	25	24.3	24.5	43.1
	1200	1	1.0	1.0	44.1
	1500	16	15.5	15.7	59.8
	2000	23	22.3	22.5	82.4
	2500	2	1.9	2.0	84.3
	3000	8	7.8	7.8	92.2
	4000	2	1.9	2.0	94.1
	5000	2	1.9	2.0	96.1
	8000	1	1.0	1.0	97.1
	10000	3	2.9	2.9	100.0
	合計	102	99.0	100.0	
欠損値	システム欠損値	1	1.0		
合計		103	100.0		

出力結果の［統計量］によると、「お祭りなどの屋台で食べ物を購入する金額（全体）」の平均値は1,868円ですが、最頻値、つまり回答数が最も多かったのは1,000円です。この場合、極端に大きな値（外れ値）がデータに含まれている可能性があります。「お祭りなどの屋台で食べ物を購入する金額（1食品）」についても同様のことがいえるでしょう。

　「お祭りなどの屋台で食べ物を購入する金額（全体）」の［度数テーブル］によると、5,000円の次が8,000円、続いて10,000円で、外れ値が存在していることがわかります。入力ミス等であれば修正が必要です。値が正しい場合には、この後の分析に応じて、外れ値を除外するかどうかを吟味します。

10-5　SPSSの出力結果の保存とエクスポート

1）出力結果の保存（SPSSのビューアファイル形式）

　集計結果は、［ビューア］と呼ばれる画面に出力されます。この集計結果を残しておきたいときは、［ビューア］の画面でドキュメントの保存作業をしておきます。

1. ［ファイル］→［名前を付けて保存］を Click 。
2. 保存する場所とファイル名を入力し、［保存］を Click 。

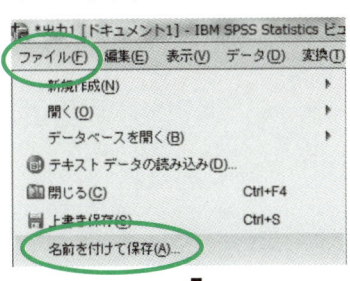

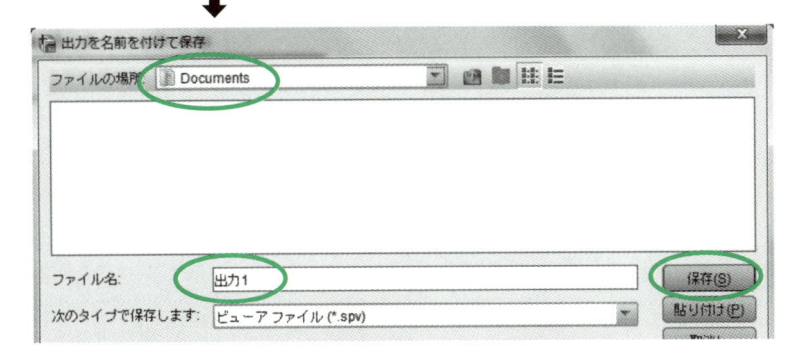

2) 出力結果のエクスポート（Excel 形式）

SPSS の集計・分析結果を報告書などに記載するときには、体裁を整えるために、いったん、Excel の形式で保存するとよいでしょう。

このように、別のソフトウェアで編集できる形式で保存することをエクスポートといいます。SPSS の出力結果を Excel 用のデータにエクスポートするには、次のような手順で行います。

1. ［ファイル］→［エクスポート］をクリック。
2. ［型］を Excel 形式に指定し、保存する場所とファイル名を入力して、［OK］を **Click**。

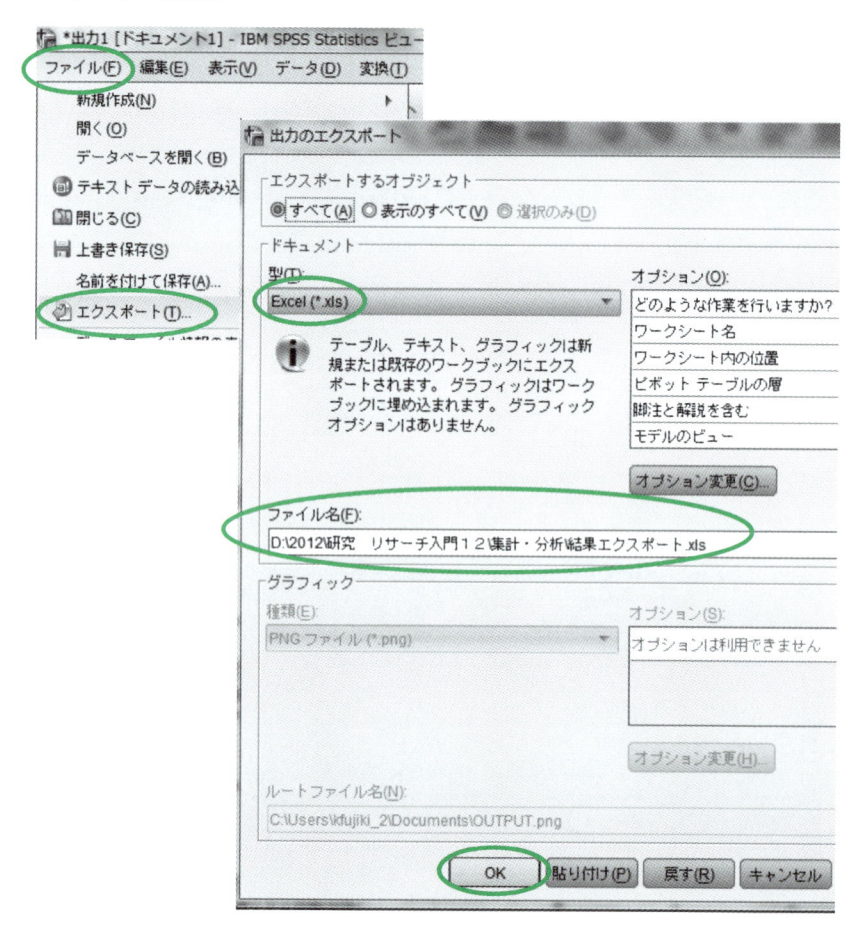

ワークシート 10　質問紙調査のデータを集計しよう

1. ワークシート 9 の調査で回収した調査票を、本章の手順にしたがって、Excel に入力しよう。
2. 入力したデータを SPSS にインポートし、変数ごとに度数分布表を作ろう。

第11章

データ分析②

統計処理で全体的な傾向がつかめたら、より詳細な分析を行います。本章では、質問紙調査のデータを用いて、クロス集計やt検定など、統計分析の基礎について学習します。

KEYWORD

クロス集計　t検定

> **@キャンパス**

> 山下：データを正確に分析できるように、チェックしておくことが大切なのよね。度数分布表を作ったら、選択肢にない値が出てきてあわてたわ。入力ミスがあったら、もう一度やり直しだからね。
>
> 武谷：そのチェック作業をデータクリーニングというんだったね。地味な作業だけどとても大切。結局、急がば回れだ。
>
> 本丸：度数分布は単純集計といわれるけれど、これだけでもだいたいの傾向がつかめたりする。だんだん、もっと他の集計をして、「なぞ」を解き明かしたくなってきたわ。
>
> 山下：探偵みたいね。

データ分析では、まずは、仮説を検証するために、調査研究計画書の分析計画にしたがって進めていきましょう。ただし、試行錯誤して、いろいろな分析を試してみることも大切なプロセスです。

白部先生

11-1 クロス集計・カイ2乗検定

　度数分布表で全体的な傾向がつかめたら、分析計画にしたがってより詳しい分析を進めましょう。まず、プリコード型回答については、クロス集計を行います。

1) 単一回答方式のクロス集計の手順（F2：こづかい ×Q1：祭りに出かける頻度）

　一例として、「自由に使えるお金を多く持っているほど、祭りなどに出かける頻度が高い」という仮説に対する分析を行いましょう。ここでは、1か月のこづかいを独立変数、祭りに出かける頻度を従属変数にしてクロス集計を実施します。

1. ［分析］→［記述統計］→［クロス集計表］を **Click**。

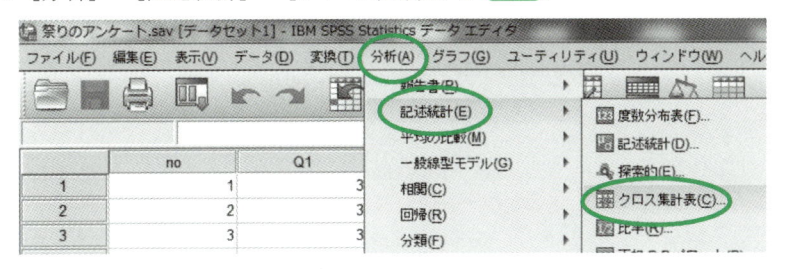

2. ［クロス集計表］画面で、［行］に独立変数である「1か月のこづかい」を、［列］に従属変数である「お祭りに出かける頻度」を選択し、［セル］を **Click**。

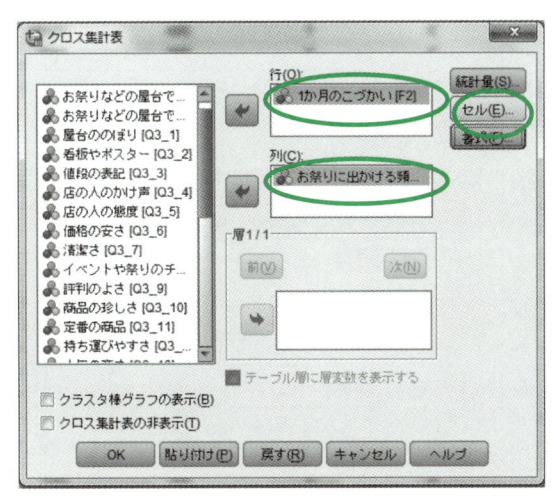

第11章　データ分析②

3. ［クロス集計表：セル表示の設定］画面のパーセンテージの行にチェックを入れ、続行を Click 。

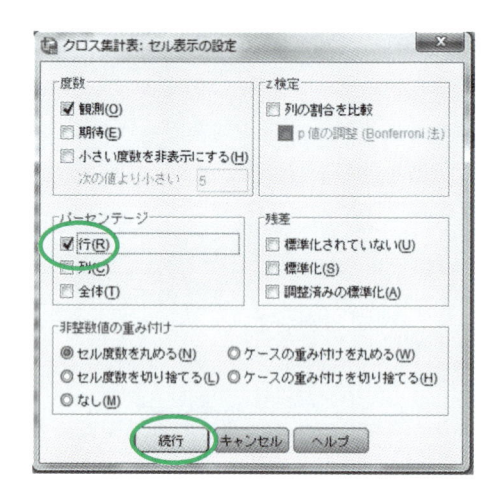

4. 再び、［クロス集計表］画面で、［OK］を Click 。

クロス集計表の結果と傾向は以下の通りです。

			お祭りに出かける頻度					
			よく出かける	出かける方	まあ出かける方	あまり出かけない方	出かけない方	全く出かけない
1か月のこづかい	3,000 円未満	度数	3	1	1	6	1	0
		1 か月のこづかいの %	25.0%	8.3%	8.3%	50.0%	8.3%	0.0%
	3,000 円〜5,000 円未満	度数	0	1	1	3	1	0
		1 か月のこづかいの %	0.0%	16.7%	16.7%	50.0%	16.7%	0.0%
	5,000 円〜7,000 円未満	度数	0	1	1	2	1	0
		1 か月のこづかいの %	0.0%	20.0%	20.0%	40.0%	20.0%	0.0%
	7,000 円〜10,000 円未満	度数	1	1	1	4	3	1
		1 か月のこづかいの %	9.1%	9.1%	9.1%	36.4%	27.3%	9.1%
	10,000 円〜15,000 円未満	度数	0	2	3	7	1	1
		1 か月のこづかいの %	0.0%	14.3%	21.4%	50.0%	7.1%	7.1%
	15,000 円〜20,000 円未満	度数	1	2	7	2	2	0
		1 か月のこづかいの %	7.1%	14.3%	50.0%	14.3%	14.3%	0.0%
	20,000 円〜25,000 円未満	度数	0	2	4	1	0	0
		1 か月のこづかいの %	0.0%	28.6%	57.1%	14.3%	0.0%	0.0%
	25,000 円〜30,000 円未満	度数	0	1	1	0	0	0
		1 か月のこづかいの %	0.0%	50.0%	50.0%	0.0%	0.0%	0.0%

30,000円～35,000円未満	度数	1	0	5	1	0	1
	1か月のこづかいの%	12.5%	0.0%	62.5%	12.5%	0.0%	12.5%
35,000円以上	度数	2	7	5	2	3	2
	1か月のこづかいの%	9.5%	33.3%	23.8%	9.5%	14.3%	9.5%
合計	度数	8	18	29	28	12	5
	1か月のこづかいの%	8.0%	18.0%	29.0%	28.0%	12.0%	5.0%

　こづかいの多い人は肯定群（出かけるグループ）、こづかいの少ない人は否定群（出かけないグループ）に多く見られます。どうやら、こづかいによって出かける頻度に差があるようです。独立変数（こづかい）のカテゴリー数を減らして集計し直すと、この特徴がより明確に表れるでしょう。

2) カイ2乗検定（F2：こづかい × Q1：祭りに出かける頻度）
　単一回答方式の場合は、独立変数の値によって、従属変数の値に差があるのかどうか、言い換えると、独立変数と従属変数との間に関連性があるのかどうかを検定することができます。この例では、こづかいの金額によって、祭りに出かける頻度に差があるのかどうかを検定します。単一回答方式のクロス集計の手順3.の後に、次の手順を入れます。

3-2．［クロス集計表］画面で、［行］に独立変数である「1か月のこづかい」を、［列］に従属変数である「お祭りに出かける頻度」を選択し、［統計量］を Click 。

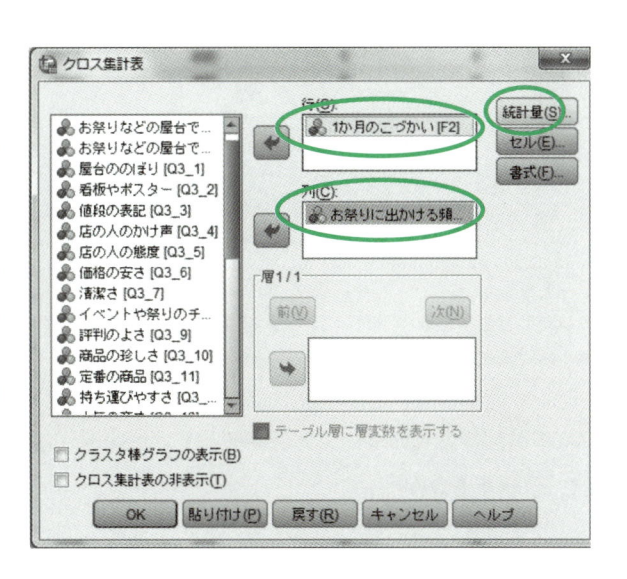

第11章　データ分析②

3-3. ［クロス集計表：統計量の指定］画面で、［カイ２乗］をチェックし、［続行］を Click 。

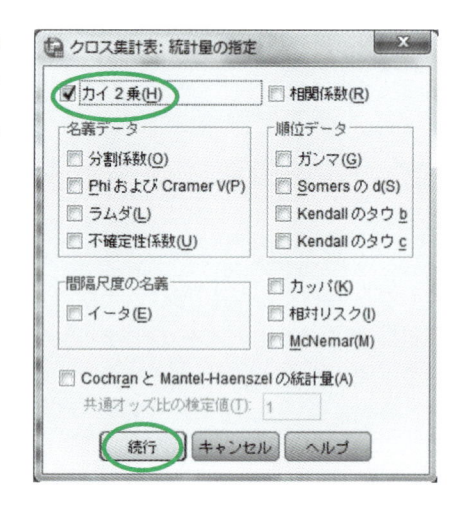

4. ［クロス集計表］画面で、［OK］を Click 。

　結果は以下の通りです。［Pearson のカイ２乗］の［漸近有意確率］が 0.05 以下であれば、こづかいによって、お祭りに出かける頻度に有意差があると結論づけます。この例では、有意確率が 0.389（SPSS では「.389」と表示）であるため、有意差があるとは認められません（有意水準は 0.05 か 0.01 が一般的。詳細は p.137 参照）。

カイ２乗検定

	値	自由度	漸近有意確率（両側）
Pearson のカイ２乗	47.033	45	.389
尤度比	52.651	45	.202
線型と線型による連関	1.061	1	.303
有効なケースの数	100		

3）複数回答方式のクロス集計手順（F1：性別 × Q3：お祭りの屋台などで重視するもの）

　次に、複数回答方式のクロス集計です。ここでは、「男性と女性とでは、食べ物の屋台で重視するものに違いがある」という仮説を想定して集計します。

1. 複数回答方式については、まず、変数グループの定義を設定します。手順は 10-4 節、2)の 1. ～ 4. を参照してください。
2. ［分析］→［多重回答］→［クロス集計］を Click。

3. ［多重回答のクロス集計表］画面で、［行］には、「性別」を、［列］には、［多重解答グループ］に設定した「$Q3」を指定し、［範囲の定義］を Click。

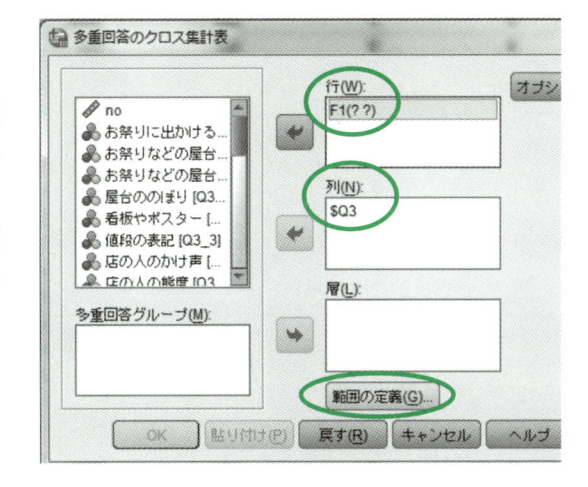

4. ［多重回答のクロス集計表：範囲の定義］画面で値の最小値と最大値を設定。ここでは、［最小］を「1」に、最大を「2」に設定して［続行］を Click。

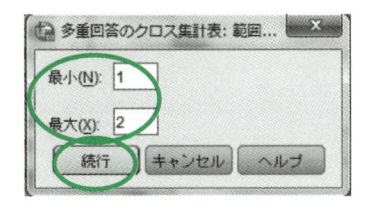

5. ［多重回答のクロス集計表］画面で、［オプション］を Click 。［多重回答のクロス集計表：オプション］画面の［セルのパーセント］で、［行］を指定し、［続行］を Click 。

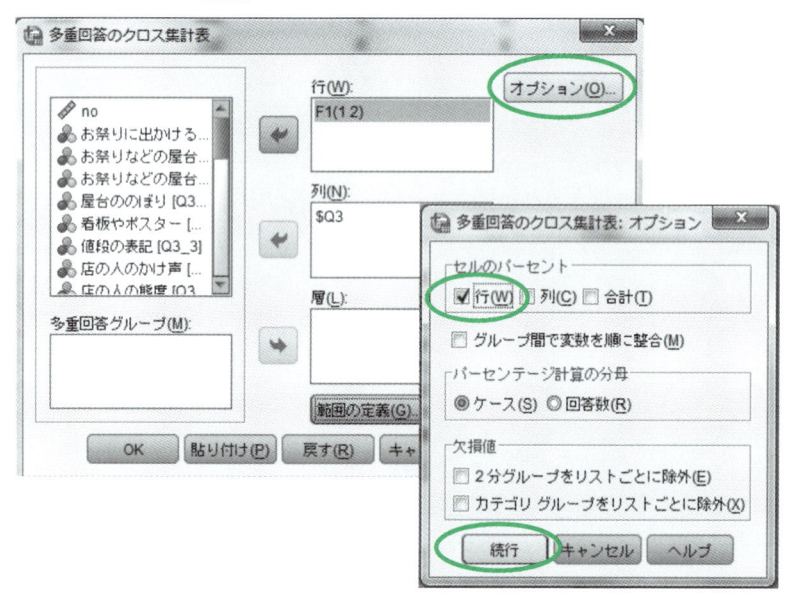

6. 再び、［多重回答のクロス集計表］画面で、［OK］を Click 。

クロス集計の結果と傾向は以下の通りです。

			お祭りの屋台で重視するもの a						
			屋台ののぼり	看板やポスター	値段の表記	店の人のかけ声	店の人の態度	価格の安さ	清潔さ
性別	男性	度数	6	5	11	10	15	41	16
		F1 内での割合 (%)	10.9%	9.1%	20.0%	18.2%	27.3%	74.5%	29.1%
	女性	度数	4	5	17	11	25	38	28
		F1 内での割合 (%)	8.5%	10.6%	36.2%	23.4%	53.2%	80.9%	59.6%
合計		度数	10	10	28	21	40	79	44

			お祭りの屋台で重視するもの a							合計
			イベントや祭りのチラシ	評判のよさ	商品の珍しさ	定番の商品	持ち運びやすさ	人気の高さ	その他	
性別	男性	度数	1	11	12	15	18	11	4	55
		F1内での割合(%)	1.8%	20.0%	21.8%	27.3%	32.7%	20.0%	7.3%	
	女性	度数	1	9	12	9	20	18	6	47
		F1内での割合(%)	2.1%	19.1%	25.5%	19.1%	42.6%	38.3%	12.8%	
合計		度数	2	20	24	24	38	29	10	102

パーセンテージと合計は応答者数をもとに計算されます。
a.2 分グループを値 1 で集計します。

　最も多いのは、男性、女性ともに価格の安さ(74.5%、80.9%)です。男性はその後、持ち運びやすさ(32.7%)、清潔さ(29.1%)と続きます。一方、女性は、清潔さ(59.6%)、店の人の態度(53.2%)と続きます。男性は機能性が先ですが、女性は機能性よりも気持ちよく買い物できることを望むのかもしれません。

11−2　t 検定

　本節では、数量のデータ、すなわち、定量データを分析する方法について説明します。

　定量データでよく使われる分析は、2 群の差に関する分析です。たとえば、「祭りの屋台で使用する金額」は「女性はグループで出かけると衝動買いをする(のではないか)」、とか、「男性は付き合いで買う(のではないか)」といった仮説が考えられます。

　ここでは、独立変数を「F1：性別」、従属変数を「Q2A：お祭りの屋台で使用する金額(全体)」として分析してみましょう。なお、10−4 節 3)の結果で述べたように、「Q2A：お祭りの屋台で使用する金額(全体)」には、金額の高い外れ値 8,000 円、10,000 円が見られました。そこで、その影響を排除するために、外れ値を欠損値扱いにしてから分析することにします。

1) 外れ値を欠損値に指定

1. ［データエディタ］の［変数ビュー］画面で、Q2A の欠損値欄を Click 。

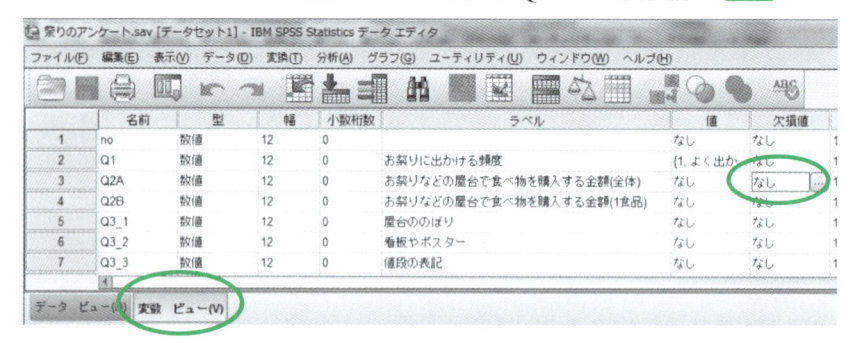

2. ［欠損値］画面で、［範囲に個別の値をプラス］を指定し、［始］に 8000、［終］に 10000 を指定して、［OK］を Click 。

   ※ 無回答に「99999」などの値を入力した場合にも、この画面で欠損値を指定します。

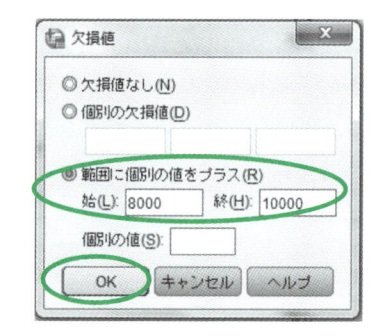

2) t 検定

2 群の平均を比較するために、t 検定という統計的仮説検定を行います。t 検定は次の図表内の①〜③が一般的に広く用いられています。

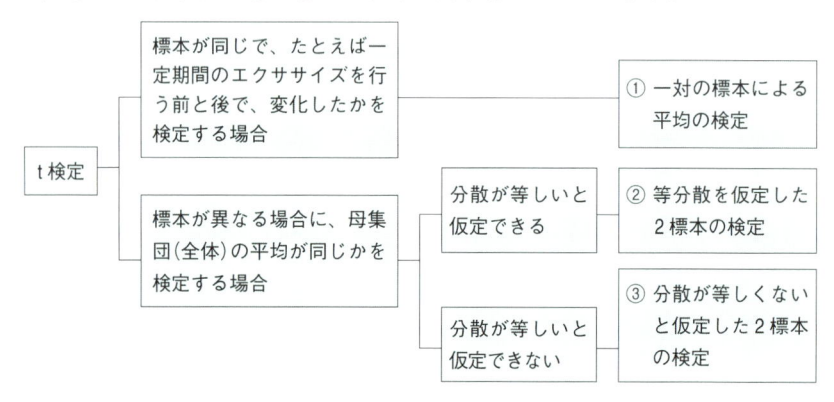

t 検定			
	標本が同じで、たとえば一定期間のエクササイズを行う前と後で、変化したかを検定する場合		① 一対の標本による平均の検定
	標本が異なる場合に、母集団(全体)の平均が同じかを検定する場合	分散が等しいと仮定できる	② 等分散を仮定した2標本の検定
		分散が等しいと仮定できない	③ 分散が等しくないと仮定した2標本の検定

この場合は、一対の標本ではないので①は用いません。すなわち、2つの標本の母平均(母集団の平均)が異なっているのかどうかを検定することになります。

　次に、②、③を選択するために、母分散(母集団の分散)が等しいといえるかどうか、等分散性の検定(F検定)を実施する必要があります。SPSSでは、等分散性の検定とt検定の結果が同時に算出されます。

1. ［分析］→［平均の比較］→［独立したサンプルのt検定］を Click 。

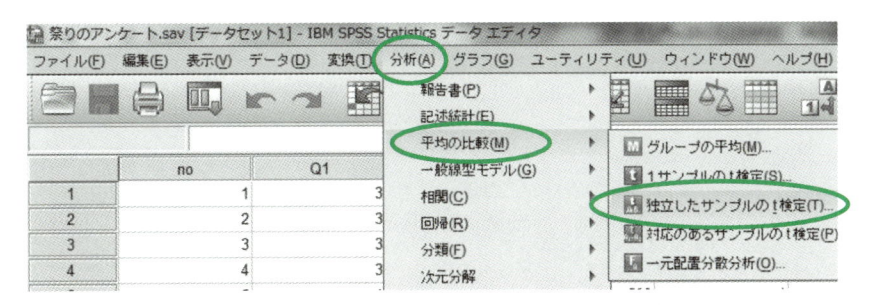

2. ［独立したサンプルのt検定］画面で、［検定変数］に「Q2A：お祭りなどの屋台で食品を購入する金額(全体)」を、［グループ化変数］に「F1：性別」を指定し、［グループの定義］を Click 。

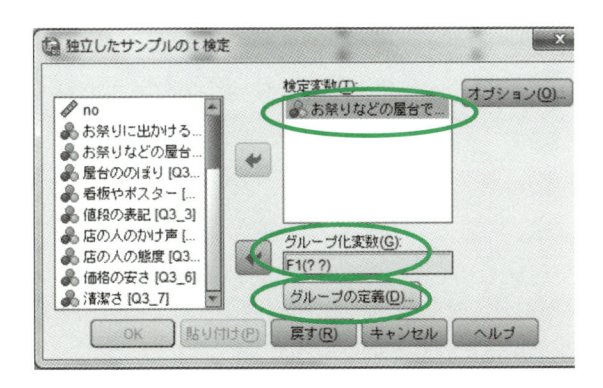

第11章　データ分析②

3. ［グループの定義］画面では、2 群に分けるための定義を設定する。ここでは、［特定の値を使用］を指定し、［グループ 1］に「1」（すなわち、男性）を、［グループ 2］に「2」（すなわち、女性）を指定し、［続行］を Click 。

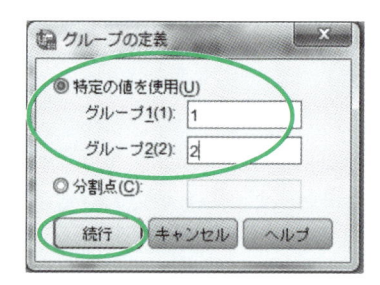

4. 再び、［独立したサンプルの t 検定］画面で、［OK］を Click 。

結果と判定は以下の通りです。

グループ統計量

	性別	N	平均値	標準偏差	平均値の標準誤差
お祭りなどの屋台で食べ物を購入する金額(全体)	男性	52	1478.85	822.797	114.101
	女性	46	1645.65	1087.036	160.275

独立サンプルの検定

		等分散性のための Levene の検定		2 つの母平均の差の検定						
		F値	有意確率	t値	自由度	有意確率(両側)	平均値の差	差の標準誤差	差の 95% 信頼区間	
									下限	上限
お祭りなどの屋台で食べ物を購入する金額(全体)	等分散を仮定する	1.727	.192	-.862	96	.391	-166.806	193.463	-550.828	217.216
	等分散を仮定しない			-.848	83.294	.399	-166.806	196.741	-558.096	224.484

(i) 等分散性の判定

- ［グループ統計量］の［標準偏差］欄の値が各標本の標準偏差です。女性の方が、標準偏差が大きくなっています(すなわち、女性の方が、分散が大きい)。
- ［独立サンプルの検定］の［等分散性のための Levene の検定］の有意確率の値に注目し、この値が 0.05 より小さければ、母集団の分散が異なって

いると判断します。このデータの場合、有意確率が 0.192 であり、0.05 を上回っているので、男性と女性の分散が異なっているとは統計的には判断できません。したがって、等分散を仮定して、t 検定を実施します。

(ii) t 検定の判定
- ［グループ統計量］の［平均値］欄の値が各標本の平均値です。女性の方が、平均値が高くなっています。
- ［独立サンプルの検定］の［2 つの母平均の差の検定］では、上段、すなわち、等分散を仮定する方の、［有意確率（両側）］の値に注目します。この値が、0.05 より小さければ、男性と女性の各母集団の平均が異なっていると判断します。このデータの場合、統計的に母平均が異なっているとは判断できません。

　以上の結果から、標本ベースで平均値を比較すると女性の方が祭りなどの屋台で食べ物を購入する金額が高いという傾向が見られました。しかしながら、母集団ベースでは、必ずしもそうとはいえないという結果でした。

ワークシート11　データを詳細に分析しよう

1. 調査したデータについて、仮説にもとづいて分析しよう。

コラム 3　データ分析と解釈

　地域の職業統計のデータから、信仰する宗派と社会階層に関係があることに気づき、『プロテスタンティズムの倫理と資本主義の精神』を著したのは、ドイツの社会学者マックス・ヴェーバーです（写真左、Max Weber 1864〜1920、第1章参照）。彼は『バーデン信仰統計』という本を徹底的に検討し、「近代産業の経営者や資本家についてみても、（中略）実地に商業上の訓練をうけて成人した指導的な人々についてみても、かれらがみなプロテスタントの特徴を鮮明に持っている」ことに注目しました。たとえば、当時(1895年)のバイエルン地域の課税データから、1,000人あたりの収入を生む課税資本は、プロテスタントが954,060マルク、カトリックは589,000マルクであることを取り上げています。そして、近代資本主義の精神を生んだのは、プロテスタントの宗教倫理観であることを、事実にもとづいて論証していきました。

　しかし、膨大なデータをもとにした実証研究によって最初に書かれた論文は、『自殺論』です。フランスの社会学者で社会学の祖といわれるエミール・デュルケーム（写真右、Emile Durkheim 1858〜1917）が執筆しました。彼は、自殺の原因は、当時いわれていた個人の資質や精神的疾患などではなく、社会的なものであると考えました。「社会的事実」を客観的根拠とすることを重視し、膨大な統計資料を徹底的に検討して、自殺を主に「自己本位型自殺」「集団本位型自殺」「アノミー型自殺」の3つのタイプに分類しました。

　このうち「自己本位型自殺」は、プロテスタントの方がカトリックより自殺者が多いという統計データを根拠にあてています。デュルケームは、この結果を、カトリックは教会の力が強く集団の結束力も強いので抑制作用が働くのに対し、プロテスタントは個人の自由度が高く集団の結束力が弱いので

127

抑制作用が十分に機能しないからであると解釈しています。社会的結束力が弱いと不安が強くなり、自殺の抑制力を弱めることになると、一般的な理論に普遍化していったのです。つまり、自殺への独立変数として、宗教という作業変数から「社会的結束力」という概念を導き出したわけです。そして、さらに独身者の方が既婚者より自殺が多い、子どものない世帯の方が子どものいる世帯より自殺が多い、といったさまざまな角度から、社会的結束力と自殺の因果関係を検証しました。

　さて、注目したいのは、この2人の研究者の「解釈する力」です。ヴェーバーは、プロテスタントたちが神の意思に従うために一生懸命働くという価値合理的行為が、資本主義という効率を重視する目的合理的精神を生成させたと考えました。また、デュルケームは、社会的結束力（社会的凝縮性）と自殺という一般理論を導き出しました。

　私たちが同じ統計データを与えられたとしても、同様の解釈ができたでしょうか。

　肝心なのは、データ分析を通して理論化する「解釈力」にあるといえるでしょう。それは、科学的方法から論理的に導き出された創造の賜です。そうした解釈力を創造するためには、深い洞察力と蓄積された知識がなくては不可能です。問題（研究テーマ）を設定したり、仮説を立てたりするときも同様です。また、同じ現象を見ていても、そこからどのくらい重要性を見いだせるかは、個々人が集積した知識の質や量によって変わってきます。それこそが、まさに創造力につながるものです。長く読み続けられている「古典」からは、そのような創造力を学ぶことができます。皆さんも、ぜひ古典を読むようにしてください。

第12章

報告書・レポートの作成

調査の分析から得た知見をもとに、調査報告書やレポートを作成します。本章では、レポート等の作成上の留意点について解説します。さらに、論文として理論化をするまでのポイントを学習します。

KEYWORD

調査報告書の基本要素　回答者特性

> **@キャンパス**

山下: クロス集計とか度数分布とか、基本的なデータ分析の結果をプリントしたら、結構な枚数ね。

武谷: データをレポートやプレゼンテーション資料にまとめるには、何から始めたらいいのだろう。

本丸: 先日、先生の研究室でいくつかの論文を見せてもらった。形式は同じようなものだったわ。

武谷: どんなところが同じだったのかな。

本丸: あんまり覚えていないけど、どれも最初に要旨が短い文で書かれていた。英語では、アブストラクト（abstract）っていうんだって。日本だけではないんだね。

そうですね。調査をもとにしたレポートを書くときには、最低限守らなければいけないルールがあります。最後にそのルールを身につけて、レポートの完成度を高めましょう。

白部先生

12-1　調査結果報告書とレポートの作成

　本節では、調査結果の概要を示した調査結果報告書、それを文章で説明し考察などを加えたレポート、口頭発表等で使用する発表資料の作成について説明します。資料作成は、1）調査結果報告書、2）レポート、3）発表資料の順に進めます。調査の方法によって若干違いがありますが、調査結果報告書、レポート、発表資料には共通する必須項目として、次の7項目を記載します。これらは、箇条書きにするとよいでしょう。

①背景、②目的、③仮説、④調査方法、⑤調査実施期間、⑥調査対象者（組織）、⑦調査対象者（組織）の基本的な特性

　調査対象者の基本的な特性とは、個人の場合には性別や年齢などがあげられます。組織企業の場合は、業種、売上高、従業員数など組織の特性を表す事柄がこれにあたります。これらを記載するのは、読者にあらかじめ回収データの特性を知らせておく必要があるからです。そうすることによって、読者が間違ったデータの読み方をすることが少なくなります。たとえば、スイーツの好き嫌いに関するアンケートにおいて、男性の回答者が極端に多かった場合、全体のデータに偏りがでることは想像できるでしょう。

　なお、定量調査の場合は、次の3項目も必須項目に加わります。

⑧調査対象者数、⑨回答数（率）、⑩サンプリング方法

　次に、それぞれの資料について説明します。

1）調査結果報告書

　調査結果報告書は、主要な調査結果にコメントをつけたもので、その作成は、レポートや論文を作成するうえでも大切な作業です。なぜなら、この作業を行うことによって、調査結果全体の傾向を把握することができるからです。また、これらの作業を通して、当初の仮説では考えていなかったような問題点を発見できることも少なくありません。調査結果報告書は、調査全体を鳥瞰する作業にあたります。この段階では、質問紙調査なら度数分布や基本的な属性によるクロス集計のレベルにとどめておいてよいでしょう。

以上を整理すると、調査結果報告書は次のような構成になります。

図表12-1-1　調査結果報告書の構成例

1. タイトル
2. 目次
3. 調査の目的等：背景、目的、仮説
4. 調査実施概要：方法、調査対象者、サンプリング方法、対象者数、回答数(率)、調査実施期間
5. 回答者の特性
6. 要約：仮説の結果、または特徴的な結果を箇条書きで記述する。
7. 各論：グラフや表形式でデータを表示し、簡単なコメントをつける。

2) レポート

　レポートは網羅的に記述するのではなく、仮説の検証に重点をおいて文章で記述します。ここでは、調査結果全体のデータの特徴を頭に入れたうえで、仮説の検証にあたるデータをさまざまな角度から詳細に分析することが求められます。先行研究などと関連づけ、傍証として、参考文献や2次データを活用して、より深く分析するようにしましょう。定量データの場合は、多変量解析や適切な統計処理を行うことも有効です。

　インタビュー調査のような定性調査の場合は、質問の形式によって分析のプロセスも違ってきます。構造化質問のような形式では、定量調査に近いプロセスで分析を進めることができるでしょう。表に示したように、非構造化の方向に進むにしたがって分析の視点が変化してきます(図表12-1-2)。

　仮説の検証を論理的に記述し、最後にこの検証結果からの展望について記述します。調査を実施することの目的は、仮説を科学的な方法によって論理的に説明し、将来を予測することにあるといってよいでしょう。

図表12-1-2　定量調査と定性調査の分析特性

定量調査	定性調査
変数指向的	事例指向的
カテゴリー化	文脈化
分析的	総合的
理論的	物語的

図表12-1-3　レポートの構成例

1. タイトル
2. 目次
3. 要旨(アブストラクト)
4. 序文(はじめに)
5. 背景(問題意識含む)、目的(仮説含む)
6. 調査実施概要：方法、調査対象者、サンプリング方法、対象者数、回答数(率)、調査実施期間(調査方法等)
7. 回答者の特性
8. 結果：仮説の検証を中心とした、データを使った論理的な説明
9. 結論
10. 展望
11. 参考文献
12. 付録　調査票

3) 発表資料

　発表(プレゼンテーション)は、聴き手と直接情報交換することができる貴重な場面です。発表することによって聴き手の意見やアドバイスを受けとることができ、さらに考察を進めることもできます。

　発表資料の作成にあたっては、6章を参考にしてください。発表時間、聴き手の属性などを考慮して作成します。また、短時間で聴き手が理解することは困難です。発表資料は「読ませる」でなく「見せる」という視点で作成しましょう。

図表12-1-4　報告書等の必須項目

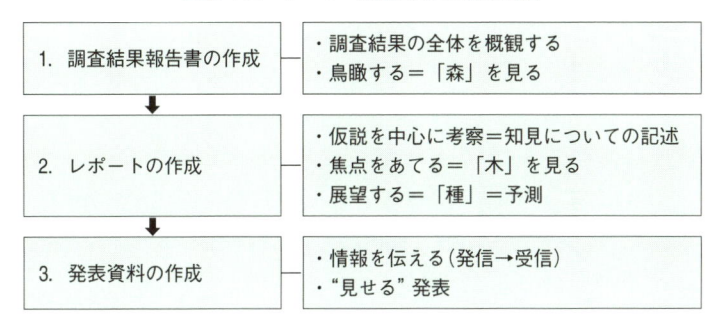

1. 調査結果報告書の作成	・調査結果の全体を概観する ・鳥瞰する＝「森」を見る
↓	
2. レポートの作成	・仮説を中心に考察＝知見についての記述 ・焦点をあてる＝「木」を見る ・展望する＝「種」＝予測
↓	
3. 発表資料の作成	・情報を伝える(発信→受信) ・"見せる"発表

12−2 論文の書き方

さて、卒業研究など本格的な論文を書く場合の構造は、もう少し複雑になります。論文は、事実やデータにもとづいて、筆者の意見(主張)を書くものです。独自の調査を研究の主体にしたものであっても、多くの先行研究の論文を参照し、批判的に評価したうえで、筆者の意見を取り上げる意義やその意見の妥当性を証明しなければなりません。調査を実施し、データを整理し、新しい知見を得て、解釈することが求められます。解釈は、論理的に矛盾がないことが要求されます。

この新しい知見や解釈が、他のより多くの社会現象に適応できるものであれば、優れた研究成果といえるでしょう。

論文の構成は、おおむね以下のとおりです。

1) 序論

序論では、まず、本論文のテーマが何なのか、また、なぜそのテーマを書くのかということを明確にします。テーマの選択は、筆者自身の関心も大切ですが、研究することが学問的・社会的な意義があるようなものでなければなりません。

次に、読者がテーマを理解するために、必要な知識について記述します。当該テーマを取り上げた背景や問題提起などを書いていきます。また、研究テーマの掘り下げる方向や範囲、論文の内容の予告なども記載するとよいでしょう。

さらに、仮説の妥当性を高めるために、先行研究の引用や検討を行ったり、歴史的な事実や一般によく知られた事実について紹介したりするなど、取り上げたテーマについての意義や、問題提起についての検討の経過を述べます。

ここでは、第7章で取り上げた老舗企業の研究を例に説明しましょう。この場合は、その意義(7−1節参照)について書くとともに、研究対象である老舗企業の定義を、筆者自身が明確にしておく必要があります。たとえば、「本研究では、老舗企業を① 100年以上存続している、②現経営者が創業者から3代目以降である、③売上高が5億円以上である、という3つの要件を満たす企業をいう」といった具合です。また、老舗企業に関する先行

研究の簡単な紹介などを概観しておきます。すべての先行研究を評価した段階で、まだわかっていないことは、すでにわかっている事実と区別して提示しておきましょう。なぜなら、学問的・社会的に重要であるにもかかわらず、まだ解明されていないテーマこそ、研究に値するからです。

次に、研究方法としてアンケートを用いて仮説を検証するなど、論文の全体の予告をしておきましょう。老舗企業の研究の場合は、アンケートを通して経営の重要な要素を明らかにしていくことを記載します。

以上のように、序論の内容は本論の内容に対応しています。序論を書くことによって、論文全体の構成がわかってきます。

ただし、すべてがこの決まりに沿っていなければならないわけではありません。たくさんの論文を読んで、自分に合ったものを探してください。

2）本論

本論では、データや事実にもとづいて結論を述べます。調査研究計画書の折に立てた仮説の検証についてデータを精査し、筆者の意見の根拠となるものを実証していきます。つまり、意見の証拠を示すことになります。仮説の検証については、いろいろな角度から分析を行いましょう。そうすることにより、明確な証拠となります。本論は論文の中心部分ですから、複数の論拠を示して、論理的に矛盾のない結論を導き出しましょう。

次に、事実やデータ（定量データ、定性データ）を用いて仮説を検証していきます。データを示して、筆者の解釈を記述していきます。データの考察として筆者の判断を記載していくことになります。

最後に、序論での問題提起に対応して、自分の意見を論理的に記述していきます。本論では、いくつかの仮説の検証から得た知見を中心に、全体のまとめを記述することになります。

老舗企業の研究では、老舗企業を対象にして老舗企業の経営の特徴について、多変量解析を用いて7つの因子を導き出しました。そして、この7つの因子を用いて得点化し「企業生命力尺度」を作成しました。そして、この尺度の妥当性を検証するため、いくつかの側面から検証しました。企業生命力尺度の得点が高いほど売り上げがよい、企業の存続年数が長い（創業年数が古い）などをクロス集計し、カイ2乗検定を実施しました（この場合は、尺度、

売り上げ、存続年数はカテゴリーに変換してクロス集計をしています)。

3) 結論

結論では、これまで筆者が本論で述べてきた研究方法、仮説検証の論拠などについて要約します。研究によって得られた、新しい知見からの考察の意義を述べます。先行研究で不足していた点を充足できたことによる学問的意義を書きます。

そして、論文について自ら評価して、研究の問題点と改善する課題について触れ、自らの研究を客観的に見る姿勢を示します。これによって、結論の適用範囲を限定することになります。

最後に、研究によって導き出した結論の活用方法や展開の方法などを提案します。

図表12-2　論文の構成例

```
1. 序論
 1) 論文のテーマは何か
 2) 取り上げたテーマの意義は何か(学問的・社会的意義)
 3) テーマを理解するための著者と読者の知識の共有
   ① テーマの背景説明
   ② テーマに対する先行研究の紹介と総括=不足している点の指摘
   ③ 問題提起：解決に向けて方向性=不足を補うための論理の方向性を明示
   ④ 論文の目的：提起した問題の解決方法

2. 本論
  結論を導く=事実と意見を使って論拠を示す
   ① 研究の方法：選択した調査方法・分析方法の妥当性、方法の概要
   ② データの提示と分析による論拠の提示=仮説検証など
   ③ データの解釈と考察
   ④ 論拠のまとめ、結論の妥当性=類似の現象への適応
     (仮説が複数ある場合は、節に分けて論証します)
   ⑤ 結論のまとめ

3. 結論
   ① 全体のまとめ：結論の学問的意義
   ② 自己の客観的評価：研究の問題点と適用範囲
   ③ 展望：結論の活用方法と今後の研究の進展への取り組み姿勢
```

12-3 有意確率の表記

　学術論文でデータを扱う場合は、検定を用いることが求められます。検定方法には、第11章で紹介したカイ2乗検定やt検定など、データの性質によっていくつかの種類があります。

　記載にあたっては、データを表にして、表の下部に検定の値（χ^2）、自由度（df）、有意水準（危険率（0.05、0.01））を記載します。具体的には、次のような表記になります。

$$\chi^2 = 17.8, df = 4, p < .01$$

　論文中の文章では、「1％の水準で〜の間に有意な差が認められた」などと表記します。通常、0.05（5％）や0.01（1％）より低い確率ならば、「有意な差がある（認められる）」と記述します。

　有意水準の表記には、次ページにあげた論文見本「創造的階層のライフスタイルについての考察」（関西国際大学研究紀要第9号（2008年3月）をもとに作成）の表1〜表5のように、アスタリスク（*）が多く用いられています。アスタリスク1つ（*）の場合は5％水準を、2つ（**）の場合は1％水準を満たしていることを示します。論文の見本では、脚注4（p.140）のように、「表中のCCは創造的階層（n = 518）、一般的な階層（n = 400）、**は1％水準で有意差、*は5％水準で有意差をそれぞれ表す」と表記しています。

　また、NはNumberの略です。データの全数を表します。たとえば、質問紙調査で100人の調査票を回収した場合は、N = 100と記載します。nは、ある条件で絞り込んだ場合のデータ数を表します。上記の例では、全体で有効回答数は918票（N = 918）です。そして、そのうち創造的階層が518票（n = 518）、一般的な階層は、400票（n = 400）であったということになります。

> 論文見本

「創造的階層」のライフスタイルについての考察
Lifestyle of the Creative Class

竹田茂生　　桑原　浩

関西国際大学

要旨

　本研究は、創造力の活性化に関して、消費を中心としたライフスタイルとの関係性を探る試みである。具体的には、創造力で経済的価値を生み出しながら創造的な職務と有機的に関連したライフスタイルを実現している人々、「創造的階層（CC）」に着目した。そして、このグループのライフスタイル、消費行動、インターネット活用、旅行活動志向性を、ウェブ調査によって探った。その結果、その他の一般的な人々との比較において、芸術、伝統文化、アウトドア活動という分野への強い志向性と、社会的な消費態度および積極的なインターネット活用といった点で、CCに特徴的な傾向が確認された。

はじめに

　我が国では、まだ研究の端緒についたばかりの創造的階層のライフスタイルや消費行動と、余暇生活の中心をなす旅行の志向性について考察するものである。本研究の目的は、創造的階層の仕事とライフスタイルとの有機的な関連性を吟味していく最初の段階として、創造的階層のライフスタイルを広く調査し、彼ら以外の人々のライフスタイルとの違いを確認することにある。未来への影響力を持つ創造的階層が、現時点でのどのような志向性を持っているのかを明らかにすると同時に、創造的人材育成の方向性についても考察する試みである。

1. 創造的階層研究の意義

　先進諸国の産業構造は知識集約化が進行し、反復的性格の職業は低賃金諸国へと流失しつつある。その一方で、先進国内にとどまる職業は、創造的な発想や技術・技能がさらに求められていく状況にある（Coy et al., 2004）。したがって、今後多くの先進国の職業人にとって、創造力の活性化は、これまで以上に日常的な課題となっていくことが予想される。本研究は、このような職業生活における創造力の活性化について、消費を中心としたライフスタイルとの関係を探る試みである。具体的には、創造的な職務と有機的に関連したライフスタイルを実現している人々として、米国の経済地理学者Richard Floridaが提唱したグループ、「創造的階層（Creative Class）」（以下、単に創造的階層と記す）に着目した。

　Florida(2002)によれば、創造的階層の中でも中核をなす「super-creative core」と呼ばれる人々は、新しい形式あるいは新しいデザインを創造する人々であり、彼らが創造したモノは速やかにそして広く普及する。このグループは、科学者、エンジニア、大学教授、詩人、小説家、芸術家、起業家、俳優、デザイナー、ノンフィクション作家、編集者、文化人、シンクタンク研究者、アナリスト、その他のオピニオンリーダーといった人々で構成されている。この中核的グループに加えて、創造的階層には、ハイテク産業

社会的資源から創造性資源へ
創造的資源を豊富に持つ創造的階層（CC）が
許容度の広い都市を求めて移動

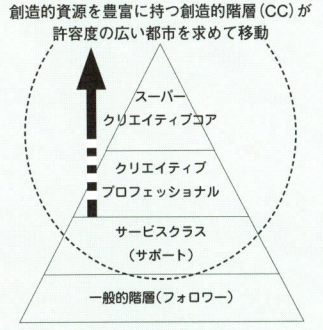

- スーパークリエイティブコア
- クリエイティブプロフェッショナル
- サービスクラス（サポート）
- 一般的階層（フォロワー）

図1 創造的階層の構造的位置づけ

や金融サービスといった知識集約型産業で働く専門職者、法律および医学関係の専門家、経営管理者が含まれ、「creative professionals」と呼ばれている。彼らもまた高い専門的知識を前提として、新しい方法や製品を生み出す可能性を持った人々である、とFloridaは指摘している。

創造的階層は、仕事の場面において、常に新しい形式を創造している人々である。しかし、創造的階層の生活は、当然のことながら仕事だけでは成立しない。彼らの仕事ぶりは、仕事以外の私生活と相互に影響し合っているはずである。それならば、彼らのライフスタイルには、彼らの創造力を刺激し職務に好影響をもたらしている特徴的な行動傾向があると推測される。

2. 研究方法

調査手続きは、インターネット調査会社モニターを採用した。[1]

(1) 調査対象者
①創造的階層：首都圏1都3県（東京都、神奈川県、埼玉県、千葉県）に在住する23～39歳までの男女個人で、次の職業に従事するもの。研究者、エンジニア、IT専門職、メディアおよびアートおよびデザインの専門職、医療および経営および法律の専門職。
②一般消費者層：首都圏1都3県（東京都、神奈川県、埼玉県、千葉県）に在住する23～39歳までの男女個人。

(2) サンプリング手続き
サンプリングは次の3段階の手続きで行われた。最初にインターネット調査会社のモニター登録者より、前記の創造的階層および一般消費者層の対象者特性を備えたモニターをスクリーニングし、2万人の調査対象者候補を抽出した。第2段階では、創造的階層を年齢と職業によって細分化し、一般消費者層を年齢と性別によって細分化した。その細分化したグループごとに、国勢調査にもとづいた回収目標のサンプル比率を算出し、総回収目標数1000サンプルを応分に割り付けた。第3段階では、各サブグループに対して本調査を実施して、前段階で割り付けされた目標サンプル数に実回収数がほぼ達した時点で調査を終了した。その結果、創造的階層サンプルが519名、一般消費者層サンプルが519名（創造的階層該当者を除くと400名）という最終サンプルをえた。

(3) 調査期間：2005年11月29日/30日
(4) 主な質問項目と構成

①『全般的な生活態度関連質問（10項目）』[2] は、「非常によくあてはまる」、「かなりあてはまる」、「どちらともいえない」、

---

[1] 対象者は、あらかじめ告知されたインターネットのウェブサイトにアクセスし、表示された質問に回答。回答者は自らの意思で登録したモニターであり、回答にあたっては、換金可能な報酬ポイントがインセンティブとして提供された。

[2] Florida（2002）が指摘した米国の創造的階層のライフスタイルを参考にした。

第12章　報告書・レポートの作成

「あまりあてはまらない」、「まったくあてはまらない」の5段階尺度で測定。②『消費・購買関連行動質問(27項目)』は、「あてはまる」、「どちらかといえばあてはまる」、「どちらかといえばあてはまらない」、「あてはまらない」の4段階尺度で測定。③『現在のライフスタイル(生活ぶり)関連質問(31項目)』複数回答。④『インターネット活用関連項目(15項目)』複数回答(過去1か月以内での利用実態)。⑤『旅行活動関連質問(27項目)』[3]複数回答(次の旅行での活動参加意向)。

なお、これらの項目の配列順序は回答者に応じてランダム化された。また、これら質問は、複数の質問で構成されたライフスタイルに関する調査の一部として挿入された。

3. 結果と考察[4]

ここでは、上記の項目について、創造的階層の特徴を一般的な階層(創造的階層の職業的属性を含まない層)と比較することによって描き出してみた。

(1) 全般的な生活行動[5]について

創造的階層の生活は、芸術関係(芸術関係の友人が多い)の色彩を強く持っており、そのことが生活(骨董品の購入・伝統ある街へ出かける)や仕事の中にも浸透(オフィスのインテリア)しているようである。

表1 創造的階層の全般的な生活行動

	CC	一般
伝統的な風情の濃い街へよく出かける*	30.4	23.0
アウトドアのスポーツを定期的に行っている*	26.6	20.3
友人には芸術関係の仕事をしている人が多い**	19.1	7.5
オフィスのインテリアも好みに合わせている	17.3	12.8
骨董品のオークションでものを買うことがある	5.4	3.0

(数字は「非常に」と「かなり」あてはまる、の合計%)

(2) 消費・購買関連行動[6]

創造的階層の生活は、商品やサービス購入時にも企業へのチェック(企業姿勢考慮、フェアトレード商品購入)など厳しい姿勢がうかがえる。他の項目同様に、芸術や伝統への行動様式が消費行動の基盤になっているようである。

表2 創造的階層の消費・購買関連行動

	CC	一般
買うときには提供している企業の経営姿勢も考慮*	42.6	35.3

---

[3] 日本および他の先進国の旅行動向を参考として作成した。

[4] 表中のCCは創造的階層(n=518)、一般は一般的な階層(n=400)、**は1%水準で有意差、*は5%水準で有意差を、それぞれ表す。

[5] その他の質問項目=路上パフォーマンスには立ち止まることが多い、ガーデニングや野菜作りをしている、毎週のように通うカフェやバーがある、本物の絵画や彫刻をインテリアに使っている、なじみのギャラリーや画廊がある。

[6] その他の質問項目=金をかける対象とかけない対象がはっきりしている、シンプルなコンセプトの商品が好きである、自分がこだわっている分野の雑誌はほぼ毎号読んでいる、自分の欲求だけを満たすような贅沢な商品は買わない、食器や調理品などの必要品には徹底的に品質にこだわる、新しい商品は他の人より先に手に入れる方である、一般には知られていないが高品質のお気に入りのブランドを持っている、エクササイズや健康のためにジムを利用している、気に入っている芸術家やデザイナーの作品を集めている、オーガニック野菜やハーブなどを栽培している、自分がこだわっている分野のサイトを頻繁にチェックしている、今後のライフプラン(生涯のデザイン)を立てている、新聞や雑誌などで貯蓄や投資の情報を積極的に収集している、ショッピングサイトの発行するメールニュースはよく読む、ショッピングサイトの掲示板には感想などを進んで書いている、インターネットショッピングに関するメーリングリストがあれば積極的に参加する、自分の資産の管理や運用について専門機関に相談している、インターネットを通して提案した企画が企業に採用されたことがある。

こだわり分野ではプロ級の道具や商品をそろえる **	42.4	33.8
伝統があり価値ある民芸品を見つけると買う **	20.8	12.8
芸術家の制作した工芸品を購入することがある **	17.1	8.8
フェアトレードの商品を買っている	11.0	7.5
自分の資産運用は自分自身で学習している **	50.9	42.3
Eラーニング学習したことがある **	30.6	17.8
資産に合わせた投資プランを作っていきたい *	64.2	57.5
振り込みや引き落とし等はインターネットバンクを利用 *	59.7	52.3

（数字は「あてはまる」と「どちらかといえばあてはまる」の合計%）

　また、資産運用は、独自での学習とプラン作成を怠っていない。一方、インターネットを利用したEラーニングやEバンキングの活用で時間節約と効率化の積極的な行動パターンが見受けられる。

(3) 現在のライフスタイル（生活ぶり）[7]

　創造的階層の生活態度は「知的」で「趣向・深み」があり、「オリジナリティー」や「創造性」に重点が置かれているようである。

　一方、一般層では、「ゆったり」、「新しい発見」という点を志向しており、すでにそれらを獲得していると思われる創造的階層へのフォロワーとしての追随傾向が見られるようである。

表3　創造的階層の現在の生活ぶり

	CC	一般
知的な生活 **	22.0	13.0
オリジナリティーのある生活 **	21.2	16.3
賢明な生活 **	18.3	11.0
創造的な生活 **	13.8	6.8
本物志向の生活 **	11.4	5.3
深みのある生活 **	8.7	3.8
趣向のある生活 *	24.1	18.3
思慮のある生活 *	10.4	6.5
ゆったりとした生活 **	29.1	37.5
新しい発見のある生活	10.6	14.5

（数字は複数回答での%）

(4) インターネット活用関連項目[8]

表4　創造的階層のインターネット活用実態

	CC	一般
音楽や映画などのファイルをダウンロードする **	36.4	28.0
株・債券・外貨などのネット取引をする **	35.5	22.3
ホームページ制作と更新をする **	24.7	14.3
スカイプなどの無料通話を利用する **	9.2	3.8
メーリングリストを開設している **	6.9	2.8
mixiなどのSNSを利用する **	22.9	18.3

（数字は複数回答での%）

　すでに見てきたように、創造的階層は、インターネットを積極的に、むしろポジティブに活用している。

(5) 旅行活動の志向性[9]について

　創造的階層がその他の人々よりも有意

---

[7] その他の質問項目＝シンプルな生活、質素な生活、とらわれない生活、堅実な生活、素朴な生活、個性のある生活、ゆとりのある生活、都会的な生活、工夫のある生活、幅のある生活、洗練された生活、刺激的な生活、自然にあふれた生活、モダンな生活、先端的な生活、時流にのった生活、奥行きのある生活、田舎風の生活、伝統に培われた生活、高級な生活、豪華な生活

[8] その他の質問項目＝メールをチェックする、インターネットを利用して買い物をする、ネットショッピング・オークションに出品する、MSNやYahooメッセンジャーなどに参加している、ブログ発行と更新をする、RSSリーダーでブログやニュースを整理する、インターネットでSNS（ソーシャルネットワーキングサービス）や掲示板の運営する、インターネットテレビ会議を行う、メールマガジンを発行する

[9] その他の質問項目＝街や通りの散策、お祭りや催し物を見る、温泉浴、美術館や博物館での作品鑑賞、農業体験・実習、デザイナーズホテルに泊まる、大型客船でのクルーズ、コンサート、演劇、オペラの鑑賞、地元市場での買い物、名所・旧跡めぐり、外国語教室で学ぶ、絵画や陶芸などの作品を制作する、ブランドものショッピング、自然の景観を楽しむ、PET検査や美容整形などの医療サービスを受ける、地元名産品の飲食、地元名産品のショッピング、カルチャー教室で学ぶ、テーマパークで遊ぶ

に志向性が高かった項目は、「自然を観察して専門家から学ぶ」、「自然の中でのアドベンチャー体験」、「造り酒屋やワイナリーを訪ねる」、「アウトドアでのスポーツ」、「異文化や歴史について専門家から学ぶ」、「少数民族や先住民族の集落を訪ねる」、「ボランティア活動や社会貢献活動」であった。また、逆にその他の一般層が創造的階層よりも高かったのは「スパやマッサージ」であった。

表5　創造的階層の旅行活動における志向性

	CC	一般
自然を観察して専門家から学ぶ**	20.8	11.5
自然の中でのアドベンチャー体験**	33.3	25.3
アウトドアでのスポーツ*	34.5	27.8
造り酒屋やワイナリーを訪ねる*	32.8	25.5
異文化や歴史について専門家から学ぶ*	19.7	14.3
少数民族や先住民族の集落を訪ねる*	16.8	12.0
ボランティア活動や社会貢献活動*	7.5	4.0
スパやマッサージ*	37.4	44.0

（数字は複数回答での%）

「自然を観察して専門家から学ぶ」、「自然の中でのアドベンチャー体験」、「アウトドアでのスポーツ」の項目で、創造的階層の志向性が高かった点は、米国の創造的階層が余暇にアウトドア活動を好む傾向（Florida, 2002）と一致していた。Florida が指摘しているように、アウトドア活動は、仕事から身体的にも精神的にも開放してくれるうえに、短時間にさまざまな新しい体験を与えてくれる。このような効用が、米国同様に、日本の創造的階層が求める余暇の過ごし方にも影響しているのだろう。

また、自然、異文化、歴史について「専門家から学ぶ」活動を好むという結果からも示唆されるように、旅行の限られた時間内でも、気分転換だけではなく、新たな事柄を学ぼうとする創造的階層の旺盛な知識欲がうかがえる。

3. まとめと今後の課題

ライフスタイルに関して、創造的階層と一般階層と間には、顕著な差異がいくつかの側面で見ることができた。創造的階層は、生活行動や消費（商品・サービス）において先進性や独自性を示している。本研究の調査によって確認されたいくつかの知見は、近未来の生活者像を予見させる一端となるだろう。またそれは、今後の創造的人材育成の方向性について考察する材料にもなろう。

しかし、より鋭利に方向性を見いだすためにはスーパークリエイティブコアに焦点を置いた分析や研究が必要とされよう。また、より具体的な展開にあたっては、創造的階層のライフスタイル（非仕事生活）が彼らの仕事とどのように関係し、どのような影響をもたらしているのかといったアスペクトから、質的な探求が必要と思われる。

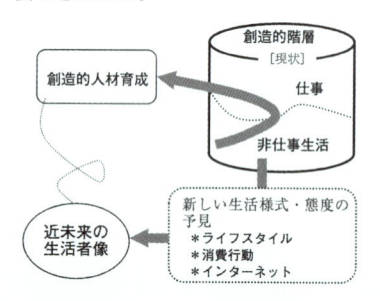

<参考文献>

1) Coy, C., Symonds, W., Baker, S., Arndt, M., and Hof, R. (2004) The Future of Work, *Business Week*, 3875, pp. 50-53.
2) Florida, R. (2002) *The Rise of the Creative Class*, New York: Basic Books.

（本稿では以下省略）

ワークシート 12　　調査結果をまとめよう

データ分析をもとに、調査報告書を作ろう。

一般社団法人社会調査協会　倫理規程(転載)

〔策定の趣旨と目的〕

　一般社団法人社会調査協会は発足にあたって、会員が依拠すべき倫理規程を定め、これを「社会調査協会倫理規程」として社会的に宣言する。

　会員は、質の高い社会調査の普及と発展のために、調査対象者および社会の信頼に応えるために、本規程を十分に認識し、遵守しなければならない。社会調査の実施にあたっては、調査対象者の協力があってはじめて社会調査が成立することを自覚し、調査対象者の立場を尊重しなければならない。また社会調査について教育・指導する際には、本規程にもとづいて、社会調査における倫理的な問題について十分配慮し、調査員や学習者に注意を促さなければならない。

　プライバシーや権利の意識の変化などにともなって、近年、社会調査に対する社会の側の受け止め方には、大きな変化がある。調査者の社会的責任と倫理、対象者の人権の尊重やプライバシーの保護、被りうる不利益への十二分な配慮などの基本的原則を忘れては、対象者の信頼および社会的理解を得ることはできない。会員は、研究の目的や手法、その必要性、起こりうる社会的影響について何よりも自覚的でなければならない。

　社会調査の発展と質的向上、創造的な調査・研究の一層の進展のためにも、本規程は社会的に要請され、必要とされている。本規程は、社会調査協会会員に対し、社会調査の企画から実施、成果の発表に至る全プロセスにおいて、社会調査の教育において、倫理的な問題への自覚を強く促すものである。

第1条　社会調査は、常に科学的な手続きにのっとり、客観的に実施されなければならない。会員は、絶えず調査技術や作業の水準の向上に努めなければならない。

第2条　社会調査は、実施する国々の国内法規及び国際的諸法規を遵守して実施されなければならない。会員は、故意、不注意にかかわらず社会調査に対する社会の信頼を損なうようないかなる行為もしてはならない。

第3条　調査対象者の協力は、自由意志によるものでなければならない。会員は、調査対象者に協力を求める際、この点について誤解を招くようなことがあってはならない。

第4条　会員は、調査対象者から求められた場合、調査データの提供先と使用目的を知らせなければならない。会員は、当初の調査目的の趣旨に合致した2次分析や社会調査のアーカイブ・データとして利用される場合および教育研究機関で教育的な目的で利用される場合を除いて、調査データが当該社会調査以外の目的には使用されないことを保証しなければならない。

第5条　会員は、調査対象者のプライバシーの保護を最大限尊重し、調査対象者との信頼関係の構築・維持に努めなければならない。社会調査に協力したことによって調査対象者が不利益を被ることがないよう、適切な予防策を講じなければならない。

第6条　会員は、調査対象者をその性別・年齢・出自・人種・エスニシティ・障害の有無などによって差別的に取り扱ってはならない。調査票や報告書などに差別的な表現が含まれないよう注意しなければならない。会員は、調査の過程において、調査対象者および調査員を不快にするような性的な言動や行動がなされないよう十分配慮しなければならない。

第7条　調査対象者が年少者である場合には、会員は特にその人権について配慮しなければならない。調査対象者が満15歳以下である場合には、まず保護者もしくは学校長などの責任ある成人の承諾を得なければならない。

第8条　会員は、記録機材を用いる場合には、原則として調査対象者に調査の前または後に、調査の目的および記録機材を使用することを知らせなければならない。調査対象者から要請があった場合には、当該部分の記録を破棄または削除しなければならない。

第9条　会員は、調査記録を安全に管理しなければならない。とくに調査票原票・標本リスト・記録媒体は厳重に管理しなければならない。

付則

(1)　社会調査協会は、社会調査における倫理的な問題に関する質問・相談、普及・啓発などに応じるため、「社会調査協会倫理委員会」をおく。

(2)　本規程は2009年5月16日より施行する。

(3)　本規程の変更は、社会調査協会社員総会の議を経ることを要する。

補 章

Excel による集計と分析

補-1　Excelによる集計

本節では、Excelを用いたデータの基本的な集計の方法について説明します。

1) 単一回答方式の集計の手順（Q1）

まず、プリコード型単一回答方式のデータについて、ピボットテーブルを用いて集計します。

1. データ部分のセルを **Click** し、［挿入］タブ→［ピボットテーブル］を **Click**。

2. ［ピボットテーブルの作成］画面で、データの範囲を確認して、［OK］を **Click**。

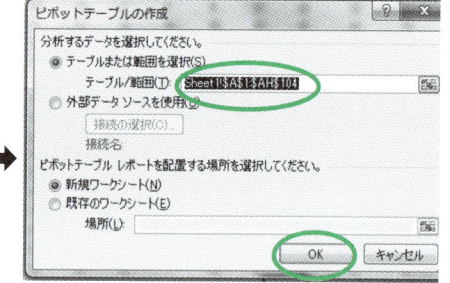

3. ピボットテーブルのフィールドリストを使って、度数分布を出力する。変数（Q1）を行ラベルに、データ個数を数えるための変数（no.）をΣ値に設定する。

4. ［合計/no］を **Click** して、さらに、［値フィールドの設定（N）］を **Click**。

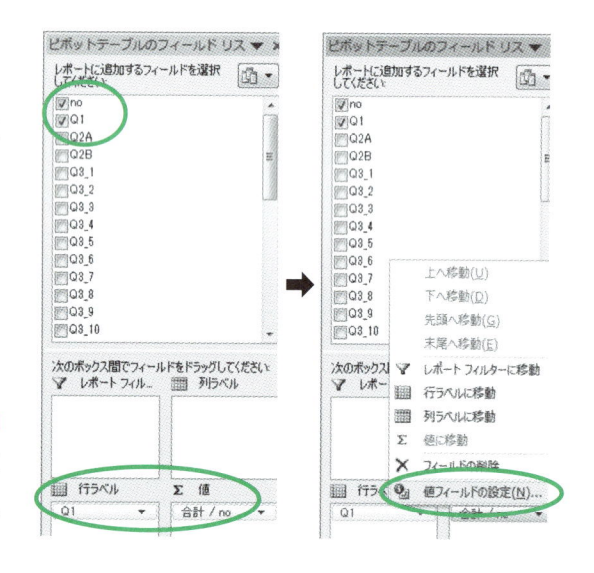

5. ［値フィールドの設定］画面の［集計方法］タブの［選択したフィールドのデータ］の［データの個数］を選択し、［計算の種類］タブの［計算の種類（A）］を［列集計に対する比率］を選択し、［OK］を Click 。

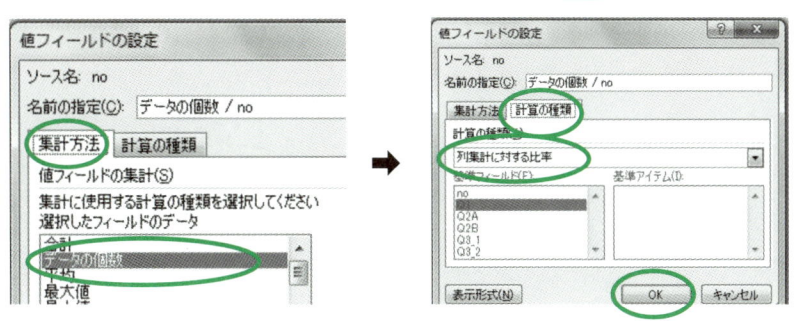

6. 小数点以下の桁数、行ラベルを調整する。

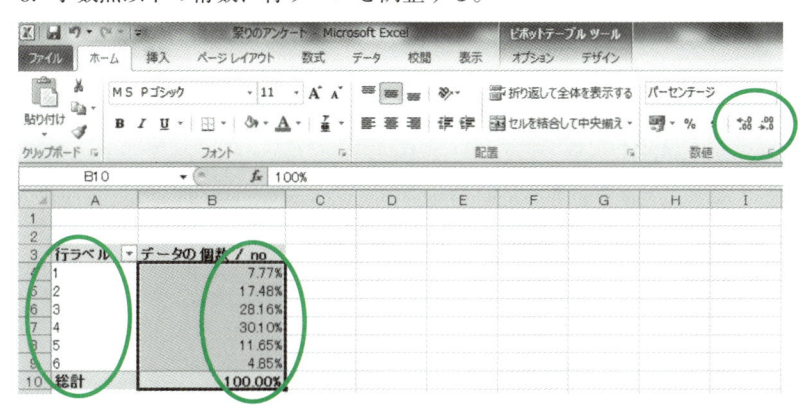

行ラベル	データの個数 / no
1	7.77%
2	17.48%
3	28.16%
4	30.10%
5	11.65%
6	4.85%
総計	100.00%

7. 集計結果と傾向は、以下の通り。

Q1　祭りに出かける頻度

行ラベル	データの個数／no
よく出かける方	7.8%
出かける方	17.5%
まあ出かける方	28.2%
あまり出かけない方	30.1%
出かけない方	11.7%
全く出かけない	4.9%
総計	100%

補章　Excel による集計と分析

最も多いのが「あまり出かけない方」、次に多いのが「まあ出かける方」です。この中央の 2 項目で約 6 割を占めており、両端ほど割合が少なくなっています。肯定群と否定群に分けた場合、ほぼ半々の割合です。

8. 度数分布を出力して、入力エラーをチェックし修正します(データクリーニング)。
9. 別の変数のデータを集計するときは、上の集計結果をその 2 行程度下にコピーし、[ピボットテーブルのフィールドリスト]で変数を変更すると便利です。

2) 複数回答方式の集計手順(Q3)

次に、プリコード型複数回答方式のデータの集計方法について説明します。まず、入力した元データを保護するために、集計に使用するデータを別のシートにコピーします。

1. ナンバー(no)と複数回答のデータ(Q3_1 〜 Q3_14)を新しいシートにコピーし、データの最後行の次行にデータ個数を集計するセルを範囲指定する。

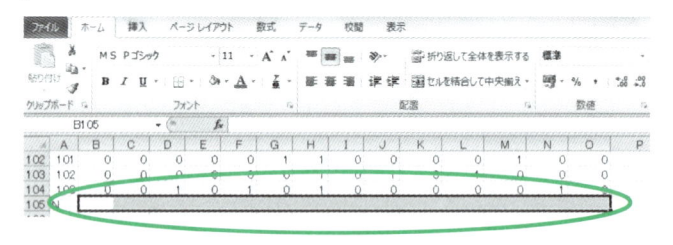

2. [ホーム]タブ→[オート SUM](Σ)の右側の▼を **Click** して、[数値の個数]を選択。

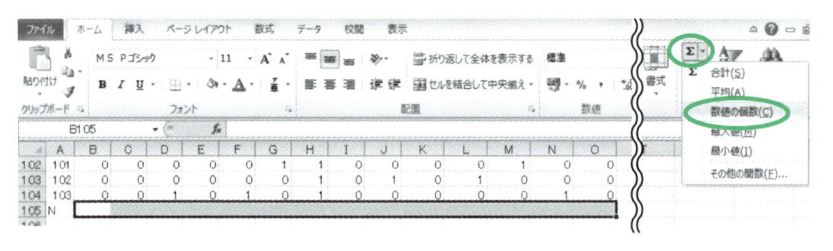

3. データの個数を集計した行に、1 行挿入する(合計 = "1 の個数" を集計するため)。

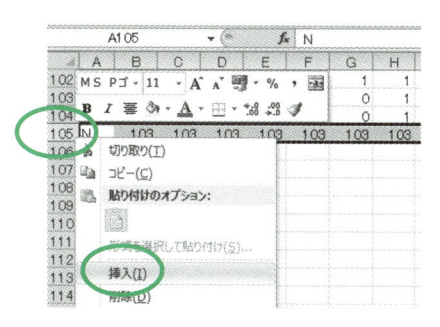

4. 挿入した行に合計(= "1 の個数")を集計するためのセルを範囲指定し、[ホーム]タブ→[オート SUM](Σ)を Click する。

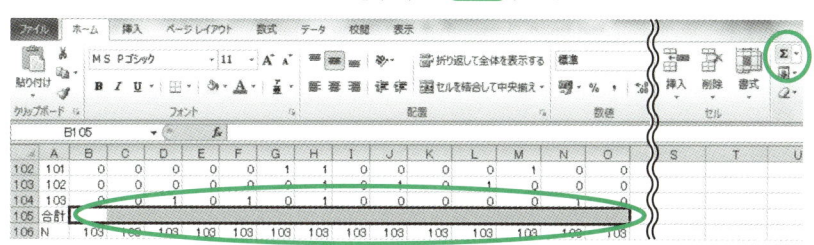

5. 合計(= "1 の個数")をデータの個数で割って割合を求める。左端の変数について割合を計算し、他の変数についてはオートフィルなどでコピーする。

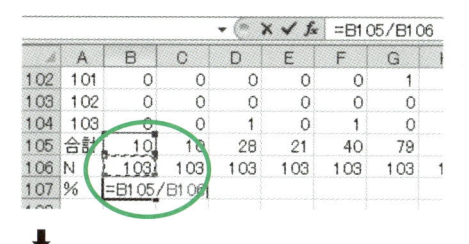

補章　Excel による集計と分析　**149**

6. データ部分と合計、データの個数の行番号を範囲指定し、右クリックして［非表示 H］を選択。あとは、％表示、小数点以下の桁数の調整、変数名のラベリング、タイトル、罫線等で、集計表を整形する。

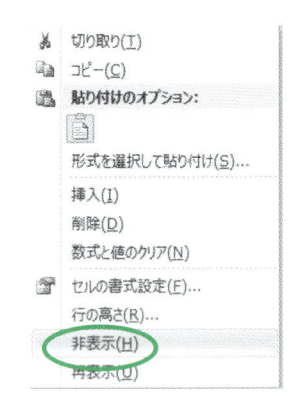

7. 集計結果と全体的な傾向は以下の通り。

屋台ののぼり	9.7%	チラシ	1.9%
看板・ポスター	9.7%	評判のよさ	19.4%
値段の表記	27.2%	珍しさ	23.3%
かけ声	20.4%	定番の商品	23.3%
店の人の態度	38.8%	持ち運びやすさ	36.9%
価格の安さ	76.7%	人気の高さ	28.2%
清潔さ	42.7%	その他	9.7%

最も多いのは、価格の安さ(76.7%)です。あと、店の人の態度(38.8%)、持ち運びやすさ(36.9%)が続きます。一方、チラシ、のぼり、看板はあまり重視されないようです。

3) 数量の集計手順

定量データの集計は、「分析ツール」という統計ツールを使用すると便利です。

1. 分析ツールを使うための準備をする。
(ⅰ)［ファイル］タブ→［オプション］を Click 。
(ⅱ)［Excelのオプション］画面メニューから［アドイン］を選択し、［設定(G)］を Click 。
(ⅲ)アドイン画面の、［分析ツール］と［分析ツール-VBA］をチェックし、［OK］を Click 。

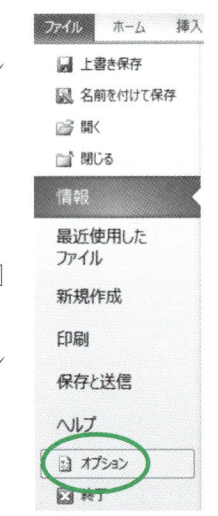

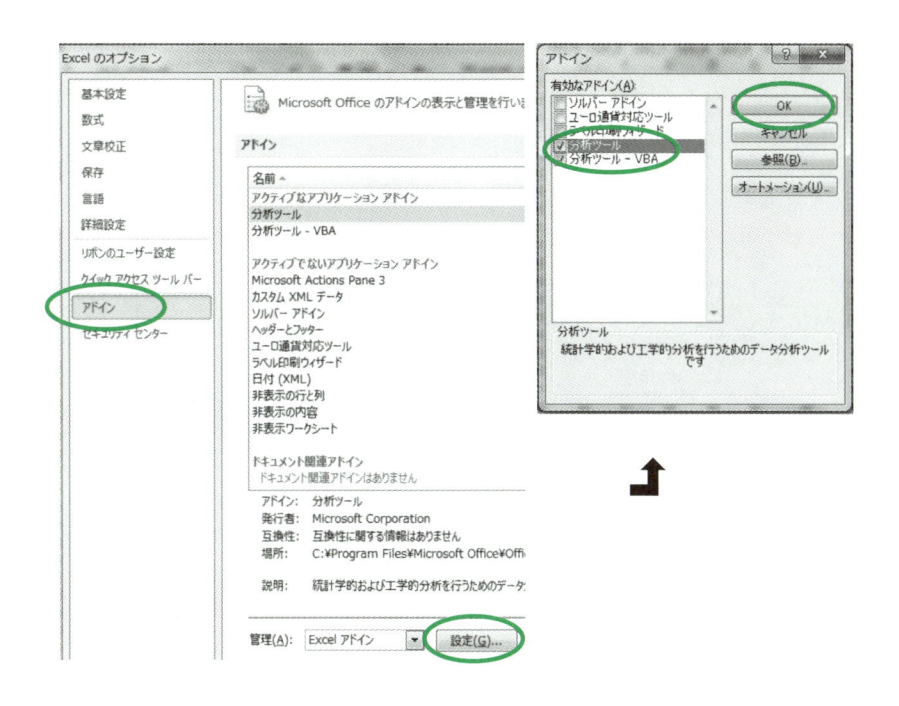

2. 数量のデータを新しいシートにコピーし（元データの保護のため）、［データ］タブ→［データ分析］を Click 。

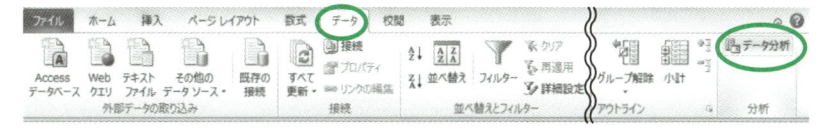

3. ［データ分析］画面で［分析ツール(A)］から［基本統計量］を選択して、［OK］を Click 。

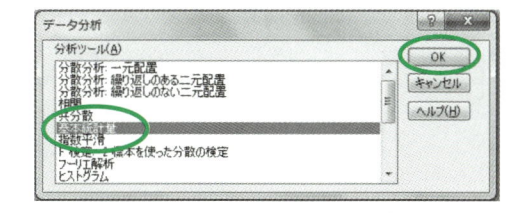

4. ［基本統計量］画面で、次の通り指定し、［OK］を Click 。
(i)［入力範囲(I)］：変数名とデータ部分を指定。
(ii)［先頭行をラベルとして使用(L)］：チェック。

補章　Excel による集計と分析　151

(iii) ［出力先(O)］を選択して、セル番地をデータの横に表示するよう指定。
(iv) ［統計情報(S)］：チェック。

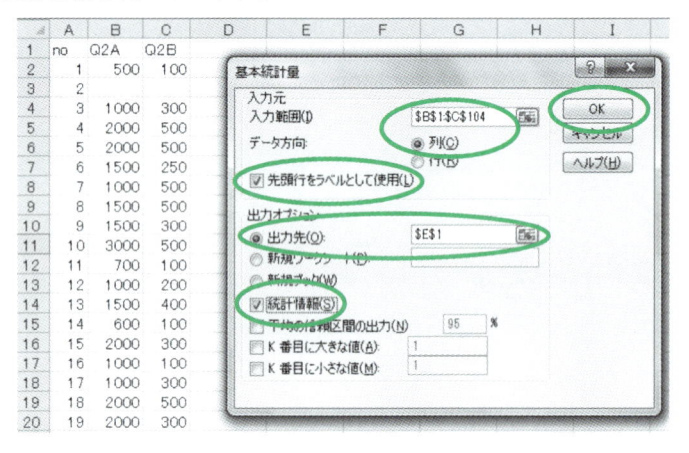

5. 出力結果は以下の通り。

	Q2A	Q2B
平均	1868.627	370.7921
標準偏差	180.0148	23.38091
中央値(メジアン)	1500	300
最頻値(モード)	1000	300
標準偏差	1818.06	234.9752
分散	3305343	55213.37
尖度	11.20306	8.531417
歪度	3.138919	2.448474
範囲	10000	1500
最小	0	0
最大	10000	1500
合計	190600	37450
標本数	102	101

Q2A(全体)については、平均値は1,868円ですが、最頻値、つまり回答数が最も多かったのは、1,000円です。この場合、極端に大きな値(外れ値)がデータに含まれている可能性があります。Q2Bについても同様のことがいえるでしょう。

外れ値は、入力ミスかどうかを確認したうえで、分析から除外します。

補－2　Excel によるクロス集計

本節では、Excel によるプリコード型回答のクロス集計の方法について説明します。

1）プリコード型単一回答方式のクロス集計の手順(F2×Q1)

1. データ部分のセルをクリックし、[挿入] タブ→[ピボットテーブル] を `Click`。
2. [ピボットテーブルの作成] 画面で、データの範囲を確認して、[OK] を `Click`。

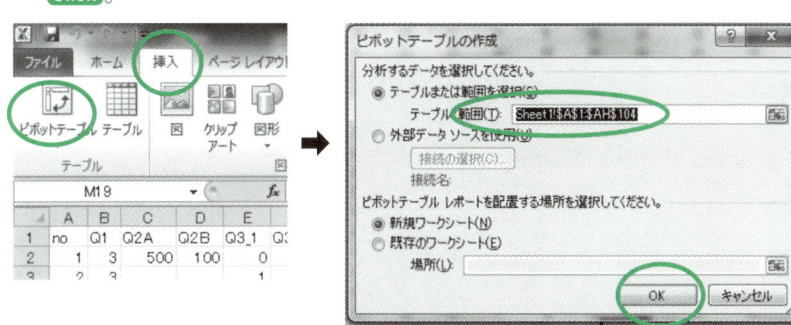

3. ピボットテーブルのフィールドリストで、独立変数(F2)を行ラベルに、従属変数(Q1)を列ラベルに、データ個数を数えるための変数(no.)をZ値に設定する。
4. [合計/no] を `Click` して、さらに、[値フィールドの設定(N)] を `Click`。

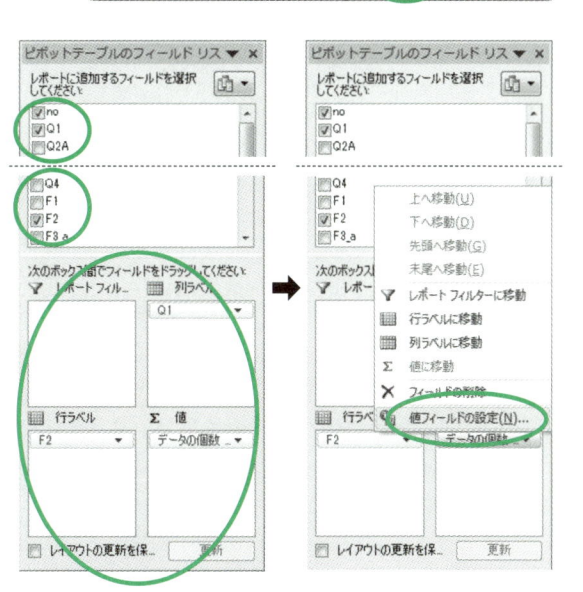

5. ［値フィールドの設定］画面の［集計方法］タブの［選択したフィールドのデータ］の［データの個数］を選択し、［計算の種類］タブの［計算の種類(A)］を［行集計に対する比率］を選択し、［OK］を Click する。

6. ラベルを入力すると、以下の通り。

Q1　祭りに出かける頻度（1か月のこづかい別）

データの個数／no 行ラベル	よく出かける方	出かける方	まあ出かける方	あまり出かけない方	出かけない方	全く出かけない方	総計
～3,000 円未満	25.0%	8.3%	8.3%	50.0%	8.3%	0.0%	100.0%
3,000 円～5,000 円未満	0.0%	16.7%	16.7%	50.0%	16.7%	0.0%	100.0%
5,000 円～7,000 円未満	0.0%	20.0%	20.0%	40.0%	20.0%	0.0%	100.0%
7,000 円～10,000 円未満	9.1%	9.1%	9.1%	36.4%	27.3%	9.1%	100.0%
10,000 円～15,000 円未満	0.0%	14.3%	21.4%	50.0%	7.1%	7.1%	100.0%
15,000 円～20,000 円未満	7.1%	14.3%	50.0%	14.3%	14.3%	0.0%	100.0%
20,000 円～25,000 円未満	0.0%	28.6%	57.1%	14.3%	0.0%	0.0%	100.0%
25,000 円～30,000 円未満	0.0%	50.0%	50.0%	0.0%	0.0%	0.0%	100.0%
30,000 円～35,000 円未満	12.5%	0.0%	62.5%	12.5%	0.0%	12.5%	100.0%
35,000 円以上	9.5%	33.3%	23.8%	9.5%	14.3%	9.5%	100.0%
空白	0.0%	0.0%	0.0%	100.0%	0.0%	0.0%	100.0%
総計	7.8%	17.5%	28.2%	30.1%	11.7%	4.9%	100.0%

こづかいの多い人は肯定群（出かけるグループ）、こづかいの少ない人は否定群（出かけないグループ）に多く見られます。

2）複数回答方式のクロス集計手順（F1×Q3）

次に、複数回答方式のクロス集計です。ここでは、男女別に食べ物の屋台

で重視するものに違いがあるという仮説を想定して集計します。ここでも、元データの保護のため、集計に使用するデータを別のシートにコピーします。

1. ナンバー(no)、従属変数(Q3_1 ~ Q3_14)、独立変数(F1)を新しいシートにコピーする。その際、作業しやすいように独立変数(F1)を左の列におく。

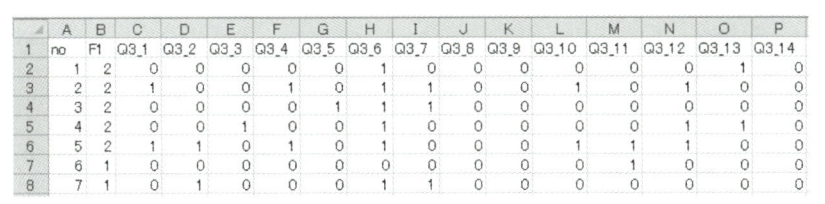

	A	B	C	D	E	F	G	H	I	J	K	L	M	N	O	P
1	no	F1	Q3_1	Q3_2	Q3_3	Q3_4	Q3_5	Q3_6	Q3_7	Q3_8	Q3_9	Q3_10	Q3_11	Q3_12	Q3_13	Q3_14
2	1	2	0	0	0	0	0	0	1	0	0	0	0	0	1	0
3	2	2	1	0	0	1	0	1	1	0	0	1	0	1	0	0
4	3	2	0	0	0	0	1	1	1	0	0	0	0	0	0	0
5	4	2	0	0	1	0	0	1	0	0	0	0	0	1	1	0
6	5	2	1	1	0	1	0	1	1	0	1	1	1	1	0	0
7	6	1	0	0	0	0	0	0	0	0	0	1	0	0	0	0
8	7	1	0	1	0	0	0	0	1	0	0	0	0	0	0	0

2. 独立変数の値をグループとして、グループごとに全体を並べ替える。

(i) データが入力されているセルを **Click** し、[データ]タブ→[並べ替え]を **Click**。

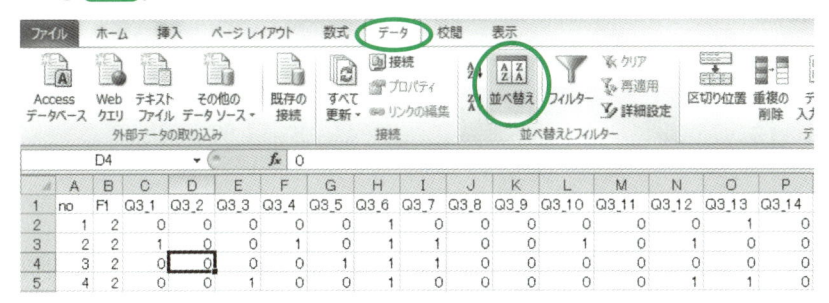

(ii) [並べ替え]画面で、[最優先されるキー]:独立変数(F1)→[OK]を **Click**。

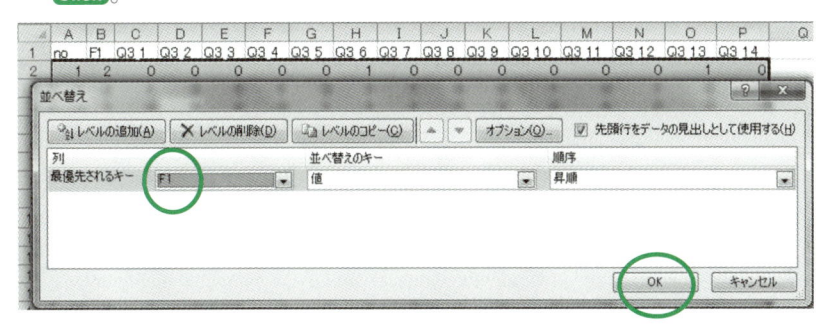

補章　Excel による集計と分析　**155**

3. 独立変数の値と変数名を常に表示させるためにウィンドウ枠を固定する。
［表示］タブ→［ウィンドウ枠の固定］→［ウィンドウ枠の固定(E)］を Click 。

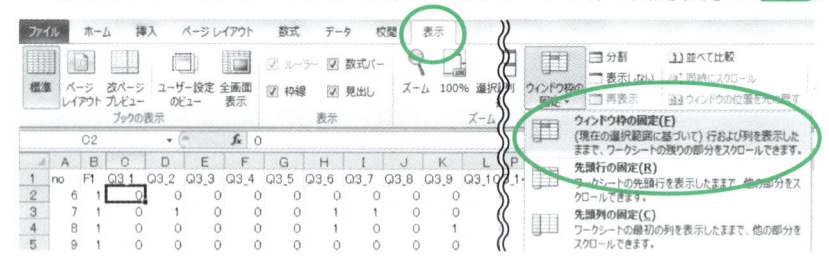

4. グループの間を 3 ～ 4 行空ける（＝行挿入）。

5. 1 つ目のグループの末尾にデータ個数を集計するセルを範囲指定し、［ホーム］タブ→［オート SUM］（Σ）ボタンの右側の▼を Click して、［数値の個数］を選択。

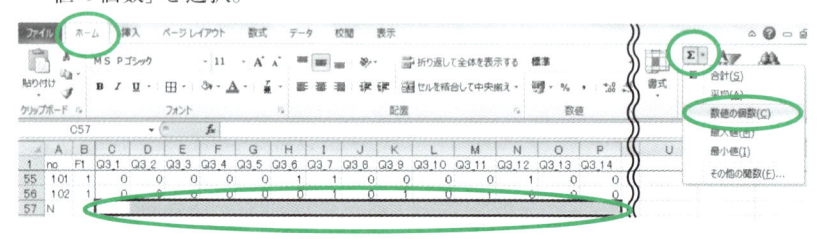

6. データの個数を集計した行に、1 行挿入する（合計＝"1 の個数"を集計するため）。

7. 挿入した行に合計（＝"1の個数"）を集計するためのセルを範囲指定し、［ホーム］タブ→［オートSUM］（Σ）を Click する。

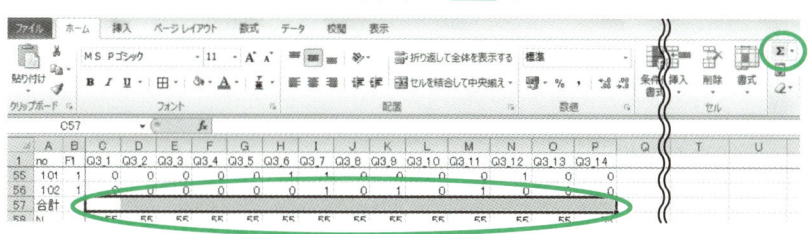

8. 合計（＝"1の個数"）をデータの個数で割って割合を求める。左端の変数について割合を計算し、他の変数についてはオートフィルなどでコピーする。

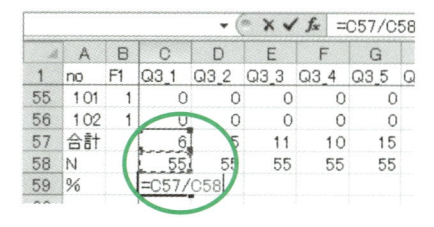

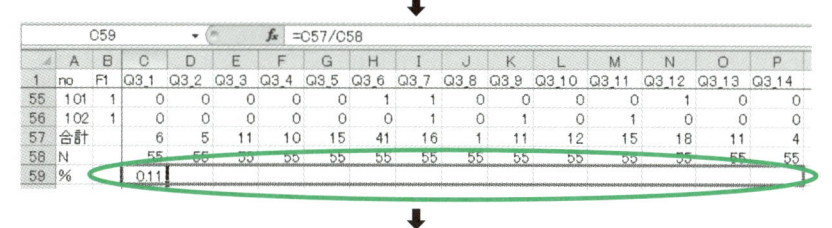

補章　Excelによる集計と分析　157

9. 他のグループについても、4.～8.と同様にデータの末尾に集計した後、各グループのデータ、合計、データの個数を非表示にする。（該当する行番号を範囲指定し、右クリックして［非表示 H］を選択。）あとは、％表示、小数点以下の桁数の調整、変数名のラベリング、タイトル、罫線等で、集計表を整形する。

10. 集計結果と全体的な傾向は以下の通り。

	男性 (n=55)	女性 (n=48)		男性 (n=55)	女性 (n=48)
屋台ののぼり	10.9%	8.3%	チラシ	1.8%	2.1%
看板・ポスター	9.1%	10.4%	評判のよさ	20.0%	18.8%
値段の表記	20.0%	35.4%	珍しさ	21.8%	25.0%
かけ声	18.2%	22.9%	定番の商品	27.3%	18.8%
店の人の態度	27.3%	52.1%	持ち運びやすさ	32.7%	41.7%
価格の安さ	74.5%	79.2%	人気の高さ	20.0%	37.5%
清潔さ	29.1%	58.3%	その他	7.3%	12.5%

　最も多いのは、男性、女性ともに価格の安さ(74.5%、79.2%)です。男性はその後、持ち運びやすさ(32.7%)、清潔さ(29.1%)と続きます。一方、女性は、清潔さ(58.3%)、店の人の態度(52.1%)と続きます。男性は機能性が先ですが、女性は機能性よりも気持ちよく買い物できることを望むのかもしれません。

索　引

あ行

アカウンタビリティー 59
値ラベル 102
アンダーヒル 69
1次データ 5, 13
依頼状 63, 66
因果関係 3, 16
インターネット調査 26
インタビュー調査 59
インポート 100
ヴェーバー 4, 127
エクスポート 110

か行

カイ2乗検定 117
会場調査 27
蓋然性 3
街頭調査 26
科学的方法 3
仮説 16, 43, 74
仮説検証型 7
仮説の設定 60
間隔尺度 18
観察シート 35
観察項目 43
観察調査 33
危険率 137
記述型 87, 88, 98
帰納法 4
キャリーオーバー 90
グループインタビュー 24
クロス集計 115
KJ法 49, 64
系統抽出法 76
ケース番号 98
結論 136
現場 7

検票 97
構造化質問 24
コーディング 97

さ行

参与観察調査 33
時間チェック 53
自殺論 127
事前調査 7
質的変数 18
質問紙調査 73
質問文 90
尺度 17
従属変数 16, 61
順序尺度 18
序論 135
信頼係数 79
ステレオタイプ 90
スライドの構成 50
説明責任 59
選択肢 91
セントラル・ロケーション・テスト 27
専門用語 90
層化抽出法 76

た行

多項選択肢 91
多段抽出法 77
ダブルバーレル 90
単一回答方式 88
単純無作為抽出法 76
調査員訪問面接調査 25
調査員訪問留置調査 26
調査結果報告書 131
調査研究計画書 34, 38, 59, 62, 73, 74, 79
定性調査 23
定性データ 13
t検定 121
t検定の判定 125
ディプスインタビュー 24
定量調査 5, 25
定量データ 13

データマイニング 98
デカルト 29
デュルケーム 127
店舗観察調査 33
電話調査 26
等分散性の判定 124
独立変数 16, 61

な行

ナンバリング 97
2次データ 5, 13

は行

背景 59, 74
パスカル 29
発表資料 131
半構造化質問 24
非構造化質問 24
被説明変数 16
表 85
標本誤差 79
比例尺度 18
フィールド 7, 98
複数回答方式 88, 98
プリコード型 87
プリコード型単一回答方式 98
プリテスト 7
ブレーンストーミング 43
プロテスタンティズムの倫理と資本主義の精神 4, 127
変数 15
ホワイト 69
本論 135

ま行

マリノフスキ 69
ミステリーショッパー 33
名義尺度 18
目的 59, 74
文言チェック 53
問題発見型 7

や行

有意確率 137
有意水準 137
有識者調査 24
郵送調査 26

ら行

来場者・来店者調査 27
ラベル 102
量的調査 5
量的変数 18
レコード 98
レヴィ＝ストロース 69
レポート 131
論理チェック 53

わ行

ワーディング 88
割当抽出法 77

アルファベット

causal relationship 16
CLT 27
dependent variable 16
hypothesis 16
independent variable 16
interval scale 18
multi-stage sampling 77
nominal scale 18
ordinal scale 18
qualitative variables 18
quantitative variables 18
quota sampling 77
random sampling 76
ratio scale 18
scale 17
stratified sampling 76
systematic sampling 76
variable 15

提出用ワークシート

(ワークシート1〜9)

切り取って利用してください

ワークシート１　　仮説を立てよう

1. あなたの身の回りで、社会問題となっている現象を５つ書き出してみよう。

(1)

(2)

(3)

(4)

(5)

2. 書き出した現象の中から最も関心のあるものを１つ選んで、なぜそのような現象が生じたのかを考えてみよう。

3. あなたの考えを検証するために、どのような方法があるかを考えてみよう。

学籍番号　　　　　　　氏名　　　　　　　　　　評価　A・B・C

ワークシート2　　4つの尺度を使って質問文と選択肢を作ろう

4つの尺度を使って、それぞれに食堂(学生食堂、社員食堂、よく行く飲食店などを想定して)への要望についての質問文と選択肢を作ってみよう。

名義尺度

順序尺度

間隔尺度

比例尺度

学籍番号　　　　　氏名　　　　　　　　評価　A・B・C

ワークシート3　　目的にあった調査方法を選択しよう

各調査方法の特徴を考慮して、最適な調査手法を議論しよう。

設問	解答	理由
a. 大学の研究者が、全国の人々の暮らしぶり(食生活など)について調査したい。予算はできるだけ抑えたい。		
b. 新聞社が消費税の政策について、国民の意見を知りたい。予算は気にすることはない。		
c. 新製品の使い方について、いろいろなアイデアを知りたい。予算はできるだけ抑えたい。		
d. 新製品について一週間後に販売の是非を決定したい。新製品についての購入意向を消費者に聞きたい。		
e. 10年後の通信手段の状況について知りたい。		

学籍番号　　　　　氏名　　　　　　　　評価　A・B・C

> **ワークシート 4**　　観察調査の調査研究計画書を作ろう

次の項目を使って、観察調査の調査研究計画書を作ろう。

テーマ_____

1. 調査の背景

---

2. 調査の目的

---

3. 仮説

---

4. 調査方法

学籍番号　　　　　　　氏名　　　　　　　　　　評価　A・B・C

5. 調査実施期間

6. 調査対象

7. 調査項目

8. 分析計画

ワークシート 5　観察シートを作ってミステリーショッパーを実施しよう

下のテンプレートを参考にして、Excel でオリジナル観察シートを作ろう。
※ 枠は後に回して、観察項目から入力していこう。

店舗観察シート			店名：		実施日：	
			氏名：		グループ名：	
			観察項目		評価 100点満点	コメント（理由）
外部	店舗に入る前	1				
		2				
		3				
内部	備品類	1				
		2				
		3				
	レイアウト・インテリア	1				
		2				
		3				
	陳列	1				
		2				
		3				
	安売り	1				
		2				
		3				
	店員	1				
		2				
		3				
	レジ対応	1				
		2				
		3				
	そうじ	1				
		2				
		3				
外部	駐車場	1				
		2				
		3				
	自由作成	1				
		2				
		3				
		4				
		5				
総合評価						

学籍番号　　　　　氏名　　　　　評価　A・B・C

提出用シート

ワークシート6　ミステリーショッパーの結果をまとめよう

　図表6-1を参考にして、ミステリーショッパーの発表資料スライドの骨子を作ろう。

スライド1	スライド2
スライド3	スライド4
スライド5	スライド6

学籍番号　　　　　　　氏名　　　　　　　　　　評価　A・B・C

スライド7

スライド8

スライド9

スライド10

スライド11

スライド12

ワークシート7　インタビュー調査をやってみよう

　売り上げが低迷している"Aレストラン"のマネージャーをしているあなたは、改善を図るために利用者へのインタビュー調査を実施することにした。（Aレストラン：インタビュー対象者が利用している店舗（学食・社食など）を、具体的に設定しよう。）

1. 質問を10問作成し、インタビュー調査を実施しよう。

質　問	回　答

学籍番号　　　　　　　氏名　　　　　　　　　評価　A・B・C

2. インタビューの結果から、改善案を提案しよう。

ワークシート 8　　質問紙調査の調査研究計画書を作ろう

1. 母集団について考えよう。

　ある国で大統領選挙が行われた。候補者は若者に人気のあるA氏と、老人から支持を受けているB氏である。ある調査会社が、開票前にインターネットによる支持率の調査を行ったところ、A氏を支持する回答が多かったため、"A氏が優勢である"と公表した。ところが、開票の結果、勝利を収めたのはB氏であった。この調査会社は、なぜ予想をあやまったのだろうか。

_____

_____

_____

_____

_____

2. 次の項目を使って、質問紙調査の調査研究計画書を作ろう。

テーマ
_____

1. 調査の背景
_____

_____

_____

2. 調査の目的
_____

_____

_____

3. 仮説
_____

学籍番号　　　　　　　氏名　　　　　　　　　評価　A・B・C

提出用シート

4. 調査方法

5. 調査実施期間

6. 調査対象

7. 調査項目

8. 分析計画

ワークシート9　質問紙を作ってみよう

　ワークシート8-2の調査研究計画書にもとづいて質問紙を作り、調査を実施しよう。

タイトル：

依頼文：

設問：

学籍番号　　　　　　氏名　　　　　　　　評価　A・B・C

提出用シート

参考文献

1. 『社会調査入門――量的調査と質的調査の活用』K・F・パンチ(著)、川合隆男(訳)、慶應義塾大学出版会、2005年
2. 『社会調査法』(1・2) E・バビー(著)、渡辺聰子(監訳)、培風館、2003年
3. 『フィールドワーク――書を持って街へ出よう』(増訂版) 佐藤郁哉(著)、新曜社、2006年
4. 『入門・社会調査法――2ステップで基礎から学ぶ』轟亮・杉野勇(編)、法律文化社、2010年
5. 『社会調査法の基礎』小田利勝(著)、プレアデス出版、2009年
6. 『アンケート調査の進め方』(第2版) 酒井隆(著)、日本経済新聞出版社、2012年
7. 『大学生と留学生のための論文ワークブック』浜田麻里・平尾得子・由井紀久子(著)、くろしお出版 1997年
8. 『自殺論』 E・デュルケーム(著)、宮島喬(訳)、中央公論新社、1985年
9. 『プロテスタンティズムの倫理と資本主義の精神』(改訳版) M・ヴェーバー(著)、大塚久雄(訳)、岩波書店、1989年
10. 『西太平洋の遠洋航海者』B・マリノフスキ(著)、増田義郎(訳)、講談社、2010年
11. 『悲しき南回帰線』(上・下) C・レヴィ=ストロース(著)、室淳介(訳)、講談社、1985年
12. 『なぜこの店で買ってしまうのか――ショッピングの科学』 P・アンダーヒル(著)、鈴木主税(訳)、早川書房、2001年
13. 『方法序説』 R・デカルト(著)、谷川多佳子(訳)、岩波書店、1997年
14. 『パンセ』(1・2) B・パスカル(著)、前田陽一・由木康(訳)、中央公論新社、2001年
15. 『創造の方法学』高根正昭(著)、講談社、1979年
16. 『社会科学の方法――ヴェーバーとマルクス』大塚久雄(著)、岩波書店、1966年
17. 『超初心者向けSPSS統計解析マニュアル――統計の基礎から多変量解析まで』米川和雄、山崎貞政(著)、北大路書房、2010年
18. 『SPSSによるやさしい統計学』(第2版)岸学(著)、オーム社、2012年
19. 『社会科学入門――知的武装のすすめ』猪口孝(著)、中央公論新社、1985年

著者紹介

竹田茂生

略歴:上智大学文学部社会学科卒、(株)日経リサーチ調査研究部長、関西国際大学人間科学部教授を経て、地域創生研究所所長。専攻はマーケティング・リサーチ、消費者行動学、マーケティング論等。2017年逝去。

主著・論文:

『知のワークブック』(くろしお出版 2006,編著)(日本創造学会著作賞)

『ゼロからの統計学』(くろしお出版 2010,共著)

『老舗企業の研究 ——100年企業に学ぶ革新と創造の連続』(生産性出版 2012,共著)(実践経営学会賞)

『大学生のための実践キャリア・デザイン』(くろしお出版 2023,編著)

藤木　清(kfujiki@kuins.ac.jp)

略歴:関西学院大学大学院商学研究科博士課程後期課程単位取得満期退学。現在,関西国際大学教授。専攻は統計学。

主著・論文:

『知のワークブック』(くろしお出版 2006,編著)(日本創造学会著作賞)

『ゼロからの統計学』(くろしお出版 2010,共著)

『関西国際大学における学習到達度の現状と課題』(『IDE-現代の高等教育』2018年11月号)

『大学生のための実践キャリア・デザイン』(くろしお出版 2023,編著)

リサーチ入門 ── 知的な論文・レポートのための ──

2013年10月15日　第1刷発行
2025年　9月22日　第5刷発行

著者	竹田茂生・藤木清
発行人	岡野秀夫
発行	株式会社　くろしお出版
	〒102-0084　東京都千代田区二番町4-3
	TEL 03-6261-2867　FAX 03-6261-2879
	URL www.9640.jp　E-mail kurosio@9640.jp
印刷	シナノ書籍印刷株式会社

© Shigeo Takeda, Kiyoshi Fujiki 2013, Printed in Japan
ISBN 978-4-87424-598-9　C1034

● 乱丁・落丁はおとりかえいたします。本書の無断転載・複製を禁じます。

装丁／折原カズヒロ　イラスト／坂木浩子